丹麥SUPER老師這樣教！

Markus Bernsen　Yeonho Oh
馬庫斯・班辛、吳連鎬／著　祁怡瑋／譯

HAPPY SCHOOL

Secrets from Denmark's
Best Teachers on Raising Confident,
Creative and Motivated Children

目錄

推薦序

通往美好人生有很多條路可走

吳媛媛　瑞典觀察作家

「你為什麼坐在這裡？」本書作者馬庫斯在書中提到，一位丹麥的數學老師會和學生一起思考，他們坐在教室當中接受教育、修習一門課程的動機和目的是什麼？無獨有偶的，我在拙作《思辨是我們的義務：那些瑞典老師教我的事》當中，也提到一位瑞典數學老師在每學期的第一堂數學課上，都會在黑板上寫下這個問題，和學生一起討論。

接著，這位數學老師也提到他如何設法平衡師生的權力關係，讓教室當中的氛圍更對等開放，避免在寒蟬效應下造成對學習的冷漠。這也是我在瑞典執教過程中，感受相當深的地方。我在瑞典大學教書，不時會有學生對我的教學方法或安排提出質疑。學生質疑老師的做法？這是讓我花了一段時間才習慣的。

在一門課結束後，也會有一份課程回饋問卷，供學生填寫，提出這門課的優缺點。然而這個評鑑的宗旨並不是讓學生像評價 Uber 司機那樣，對其他學生或「高層」反映對老師的「滿意度」；而是在「教學民主」和「發展教學品質」的兩個框架下，讓學生透過這份問卷參與課程發展，發揮實際的影響力。在這樣的關係當中，我可以很明顯地感覺到，越投入於一門課的學生，就越能提出合理而實用、讓老師也心服口服的意見，而不認真的學生則常流於片面的、情緒上的抱怨；相對的，當學生認識到自己的參與和回饋確實獲得重視，也會對學習更投入。

這本書的篇章段落當中，處處透著光亮。我看到自己在瑞典曾得到的體悟，透過丹麥的例子反射出新的面貌；從十位優秀教師的訪談中，我感受到他們眼中熱切的光彩；除此之外，作者馬庫斯自身對此議題的關懷，和其深刻而多元的切入點，也在扉頁中顯露光芒。

每一個異鄉人，都是帶著自己早已成型的味蕾，去品嘗從未想像過的滋味，這其中想必是充滿了驚喜，也少不了衝擊。我在瑞典求學、工作、育兒的經驗，讓我難以不去反思自己在台灣已經習慣成自然的種種，並且進而寫作分享；相對的，馬庫斯和家人在東亞經歷過的種種不可思議，成為他回過頭探究母國丹麥學校教育的契機。

我們寫作的出發點相似，受眾也以東亞讀者為主，但是由於我們的背景不同，因此在個人感觸和書寫的著眼點上，也有一些有趣的不同點。比方說，馬庫斯對個別老師的出身背景、成為老師的心路歷程，以及這些經歷對他們在教學上的影響，都做了詳細的著墨，十分具有啟發性。而對在台灣出生長大的我來說，北歐國家積極看待階級問題的偏左社會意識，是一個嶄新的大陸，也是我書寫北歐經驗時不斷回歸的原點。

也許我們都是在接觸到他人的時候，才不得不進一步去認識自己、質疑自己。在本書當中，一位丹麥語老師說的話讓我印象深刻：「通往美好人生有很多條路可走。」這句輕巧的話，和「唯有讀書高」的台灣社會形成鮮明對比，也為兩地的教育氛圍下了一個註腳。

在台灣我們相信「越冷越開花」的堅毅精神，在北歐老師們則相信耐心和巧思的澆灌。在台灣我們要孩子在競爭中砥礪心志，在北歐老師們努力給學生正面的學習經驗。在台灣我們恨不得把所有學習目標都轉換成考試分數，一分高下，北歐老師們則急著在考試之前，努力向學生展示如何用各科知識去理解、探索周遭的世界。在台灣我們深怕優等生被「後段」學生拖累，北歐老師則讓落後的學生慢慢跟上，也讓已經達到階段性目標的學生休息一下。北歐教育如此不疾不徐的教育姿態，究竟是從何而來的呢？我個人相信有很大一部分，是來自於北歐社會在資源分配、社會福利、勞工權益等等領域的進展。「通往美好人生有很多條路可走。」這句話說的沒錯，然而面對目前台灣各階層物質生活條件和心理安穩程度的大幅落差，台灣的父母大概還很難放下心接受這個說法吧？

然而我也確信，在台灣不得不顧慮功利考量的同時，北歐學校當中有很多要素，例如注重自主思考、平衡師生關係等等，都很值得台灣在現階段參考借鏡。而北歐社會對「競爭」和「成功」的重新詮釋，也會開啟我們更廣闊深刻的思考。

台灣的未來有很多路可以走，有很多他國經驗可以參考，希望這本書當中一個個觸動人心的描述，能帶給讀者啟發和力量，一起施力，把台灣的教育，台灣的社會，稍稍推向更美好的方向。

推薦序

從一間快樂的教室開始

楊弘意　臺北市立木柵高工機械科主任

這本書很好看，從作者序開始就很好看。可能是自己初為人父，同為學齡前小孩的家長，又身處職業教育的第一線，閱讀作者的文字，身臨其境。

在台灣，選擇就讀技術型高中（職業學校）的小孩，的確有很高的比例不是成績優異的學生，但老師們很努力地想辦法、激勵這些學生，讓他們有探索其他技能的機會。其中最常見的例子，就是參加國家技術士技能檢定、技能競賽，或專題製作競賽、科學展覽等。透過檢定或競賽，培養孩子動手做的能力，產生興趣，獲得自信。如同書中〈放心說英文〉所提：「不管是哪一門科目，信心都很重要」，教育有一種魔力，只要讓孩子提起興趣，有了自信，學習之路就幾乎什麼都能克服，這是改變的開始。

我曾經在媒體採訪時、以及我的書裡提到：「在我的教學現場，通常會特別照顧班上後十名的學生。這些孩子是學業上的弱勢，如果連學校都不理他了，那他的未來怎麼辦？」如同書中〈在點點繁星中愛上數學〉，阿茲琉斯說：「班上總有幾位這樣的同學，而我知道自己必須特別關照他們，並設法讓學生覺得這些科目跟自己有關係。」

在〈人生習題不評分〉中，海莉・霍基亞認為：「不該讓考試決定你的教學方式和教學內容，否則只是為考試而考試，這樣只會削弱學習動機。」回想我的教學理念，是「不一樣的學生，給予不一樣的學習任務」，概念相同。在我的課程裡，很少採用固定模式的教材和教學方法，授課方式也不應該只有老派的講述教學法、示範教學法、問題教學法等。我是這麼認為：身為老師必須有彈性的教學策略。如果是出自內心為了學生好，就會想方設法幫助他，設計適合他的課程和評量，那就是最棒的教學方式。學生通常也會感受得到，同時給予相對的回饋。

教育是一件神聖的工作。我們今天救一個學生，他可能可以幫助五個人，而這五個人以後可以幫助更多的人，那這個世界就不一樣了。其實，很多的社會問題，例如：環境問題、治安問題、菸毒問題等，其實都源自於基礎教育沒有落實扎根。而且，政府每年編列很高比例的教育經費，大概占國家總預算的二十一%，顯示教育對國家發展的重要性。我一直這麼覺得，只要把教育做好，很多的社會問題自然會降低，國家未來就會有競爭力。特別是針對家庭困難、貧窮的孩子。就像教育社會學提到的社會再製現象，這些孩子，除了透過讀書教育，否則幾乎沒有翻身的機會。

在台灣的傳統教育裡，注重教師權威，但師生間的距離感，讓我們的小孩比較不敢發言、沒有課堂參與感，也失去學習的興趣和動力。我的感覺是這樣：

「通常學生喜歡某一個科目，都是先喜歡那位老師。」怎麼破除師生隔閡、建立關係，是任課之初，老師要先解決的問題。我自己是這樣做：有時早上八點的第一節課，我會帶著早餐到教室，跟學生一起，在課堂上吃早餐，邊吃邊聊天。很自然的表現，就像家人一樣。通常這個時候，學生都很樂意跟老師分享話題，有了對話，很快就會拉近師生的距離。平均一堂課五十分鐘，我大概有十五分鐘在聊天、關心他們昨天做了什麼、去了哪裡、玩了什麼好玩的。實際教學大概只有半小時多，但往往這樣的學習專注力，會比上滿整節課的效果還好。針對單節上課時間，曾經也有學者做過研究，縮短上課時間的學習成效並未較差。重點在於如何引起學生的學習動機，才是最重要的事，也是這本書裡丹麥老師強調的基本概念。

很巧的，二〇一九年教育部師鐸獎教師出國教育考察，我們也是選擇了北歐國家（芬蘭、瑞典、丹麥）當作學習觀摩的對象。兩個星期內，總共走訪了八間學校，從芬蘭中小學，到瑞典隆德高中、大學，再到丹麥阿倫頓高中、科技大學。

所見所聞，至今仍印象深刻；特別是幼稚園小童在雪堆上打滾的畫面、科學教室牆上的作畫、教室桌椅多樣化，學生可以選擇舒服的姿勢坐著或盤腿上課，老師也是。此外，丹麥有完整的公托福利，從學前班到大學都免學費，甚至可以領取兒童津貼、教育扶助金，學生可自由選擇公立或私立學校就讀，也可以選擇在家自行教育，學制相當彈性。

北歐國家的教育與學習，有一個很大的共通性，就是讓學生有一個快樂的學習環境，沒有過多的課業壓力，學校跟老師只是提供一個適當的教學場域，引導孩子適性發展，讓學生在學習過程獲得興趣，快樂學習，激發無限的思考與創造力，更從學習中認識自己。

回台後，這些刺激給我的教學觀和為人父母的教育觀，帶來更多啟發和反思。就如同這本書想要分享給大家的教育根本概念和價值觀，很開心出版社找我為《丹麥 SUPER 老師這樣教！》寫推薦序。這是一本適合老師、同學、家長廣泛族群閱讀的書，書裡面有十位傑出教師在教學現場的故事，還有大部分丹麥老師常見的教學原則、教育觀和方法論。相信讀者可以從中，找到適合自己的方法，看到自己的影子，誠心推薦給大家。

推薦序

看見丹麥教育幸福的祕密

林怡辰　國小教師、《從讀到寫》作者

本書作者馬庫斯旅居韓國時，因為自己三個孩子慢慢成長，讓他不斷發現孩子們在韓國接受的亞洲教育，和他自己本身的北歐教育大不相同。在這樣的文化衝擊下，他訪問了很多位丹麥的教育工作者，成為了這本書。書裡最後收錄了十位丹麥教師與教育工作者的經驗談，有數學教師、舞蹈教師、離島學校老師，也有和社會人士接洽、安排校外參訪的「真實學校」負責人……在一個個真實人物下，訪談描繪他們的教育觀，最後投射出北歐整體的教學樣貌。

從這十位不同領域、不同學校的老師訪談中，我濃縮成三大原則：

一、注重和學生的關係——在學習中難免會遇到許多困難，強迫和威權短時間有效，但若要長久，就要先和學生建立一對一的關係。這樣的關係可能會受到師生間上對下的權力影響，因此數學教師阿茲琉斯老師會告訴學生什麼時間可以拿回作業，讓學生也有可以要求老師的權力，藉以平衡權力不平等的狀況。「好老師的關鍵在於了解這些孩子」，也有老師透過每週四十五分鐘的談心時間，分享彼此的生活，參與他們的生活，才能找到他們有興趣、擅長的事情。

二、注重學生動機——學習動機和三者有相關：我能感、自我相關、自由。在書中，阿茲琉斯老師設法讓學生覺得這些科目和自己有關，從借錢的利率開始教起，拿白紙用來具象化利率的改變，並讓學生看見科目和自己生活相關。不管這個科目對孩子有多困難，老師總是致力於為他創造一次成功的機會，如果太難，就再出簡單一點的題目；當孩子有好的表現，不吝於稱讚和鼓勵，讓孩子有正面的學習經驗，提升我能感。學習的方式多元，不只有紙筆、不是只有標準答案，說、寫、畫、報告、實地參觀……多樣性的方式符合不同專長的孩子，學生也有選擇學習方式的自由。

三、教育即生活——從生活中找尋和學習內容相關的事物，讓學生知道學習的科目和自己有關。像是請學生帶汽車廣告到學校，從物理學的角度討論廣告標榜的內容有沒有辦法做到。讓學生自己提出問題、自己探究這門學問，拿出好奇心，而不是給學生考試和打分數。因此，老師會帶學生測量水位和船隻的性能、參訪汙水處理廠，在真實世界找到共鳴的經驗，親身聞過汙水多臭，產生了好奇，有感受、想表達，由此啟動學習。而社會是最真實的學校，透過邀請小農、漁夫、賞鳥家、會計、廚師、西洋棋手、木匠等，對自己職業充滿熱忱、有故事可說又願意為孩子付出時間的人，讓這些人為孩子帶來不同的視野，看見真實有滿足感的工作、看見有人過著有意義的生活。這對孩子來說意義非凡。

這本書中不只描繪了北歐老師的方法和思考，也真實地寫下了他們對教育的熱忱和愛。像是書中海莉老師說：「當老師最刺激的地方，在於了解學生的想法和行為，然後找出幫助和激勵每位學生繼續學習的辦法。」激起孩子的好奇、和孩子一起去體驗是教學工作最重要的一環。讀來令人感動，教育就是這樣，每天每天，有時難免有困挫和桎梏，而忘記教師就是激勵學生學習的教練，這是多麼有意義和創造力的工作；而身處這樣體驗性、可能性極大的工作，不是一件刺激又有意義的事嗎？

翻頁到最後，已不是北歐和亞洲的教育之分，事實上，我認識的許多台灣教育工作者也不遑多讓，透過山林教育、創客學習、動手思考……這些不同的經驗和面對學生所思考的用心例子，除了帶來更多省思和創意，老師們從原則再出發，回到自己科目和自己學生，不斷嘗試，不畏失敗，讓孩子看見自己對工作的熱愛和不放棄的身影。

像是雲林樟湖生態中小學陳清圳校長說過：「台灣的孩子與真實情境脫節了，他們學習的都只是套裝知識，但從心理學、生理學一直到哲學都告訴我們：孩子必須從真實世界出發，才能走向抽象世界。」於是帶著學生騎腳踏車環島、在社區溯溪、攀爬玉山等百岳、環島拍攝紀錄片，在生活裡壯遊，在體驗中教育，讓孩子生在自然，從生活裡學習。

而體驗教育實驗家謝智謀老師，爬過七十座百岳，行旅台灣、尼泊爾、阿拉斯加、非洲、蒙古……從山林中淬鍊體悟，反思教育的初心和本質。二十五年裡，以生命陪伴生命的經驗賦權給孩子，透過百岳、單車環島，讓孩子在體力邊緣看見自己的韌性、計畫規劃中看見整體、團體行動中知道合作的價值。

以我為例，也用自助旅行規劃行程讓偏鄉孩子和真實世界接軌；此外，還有大明國小張崴耑老師沒有標準答案的社會考卷；小益（洪進益）老師用桌遊和魔術讓孩子對數學產生興趣……讀著這本書，浮現許多台灣用心老師的身影，看法見解和北歐老師殊途同歸，樂於和孩子相處，都是在在令人感動的教育家！

本書第十章裡，「真實人生學校」創辦人拉斯穆森說：「我們常聽到有人說小時候碰到一位很棒的老師，是那位老師造就了今日的自己。但你得運氣很好才碰得到這樣一位老師。」但讀完這本書，在訪談細節中看見對教育工作的熱愛、對學生學習的用心關懷；其實師長們只要多調整一下思考，多讓學生嘗試不同的學習方式，呵護學生的學習動機，讓學習走入生活「玩真的」。那麼，學生就不需要求神拜佛地企盼「運氣很好」，也能處處遇見點亮靈魂的人指引前進，找到人生目標的北極星，用學習讓自己找到想要的生活！

推薦序

孩子教會我如何成為一個老師

王政忠　南投縣立爽文國中教師

「我請他們坐下，問他們覺得自己此刻為什麼在這間教室裡：你覺得為什麼要學數學或物理學或天文學呢？」

哥本哈根諾爾高級中學的數學老師阿茲琉斯，在新生入學的第一堂課都會這樣問，然後花上整整一節甚至兩節課，跟學生對話他們的答案。

我同樣也會在新生入學時這樣問我的學生。

今年是我任教同一所偏鄉學校的第二十五年，上述這個問題，我若不是在第一堂課發問，就是在接下來的幾節課當中發問。為什麼要發問這樣的問題？跟學生探討這個問題的答案為什麼這麼重要？

二十五年前我剛剛來到這所偏鄉中學任教，帶著「我是來教你的」這樣的心態而來。我知道自己從貧窮的環境中長大，因為受到良好的教育而翻身，成為一個中學老師，所以我也希望眼前這些來自貧窮家庭，生長在這一個全台灣最窮的平地鄉孩子也能夠透過良好的教育翻身；而我，就是那個提供良好教育的老師。

幾年下來，我在不喜歡上課的孩子身上學會更多讓他們喜歡上課的教學策略，在不習慣準時交作業的孩子身上理解更多他們無法準時交作業的原因，並跟他們一起討論解決的方案，包括傍晚下課後留下半小時陪他們一起完成作業，這樣他們回家就可以跟著爸媽一起處理檳榔、香蕉、龍眼等等不同時期的農忙任務；也或者早上六點半到學校，指導他們完成課後學習任務，因為他們下課後必須馬上回家照顧弟妹或者長輩，晚上根本沒有時間，甚或根本沒有書桌可以寫功課。

我才漸漸明白，是孩子教會我如何成為一個老師。

更多年過去，當翻轉浪潮席捲台灣教學現場，科技融入教學的需求與必要逐漸成為顯學。已經在台灣中小學教育界小有名氣的我，心裡仍然隱隱約約排斥平板與網路等可以為孩子提供更有效能與更寬廣的新學習模式，特別在我的國文課堂上——國文課怎麼有辦法跟平板或者網路平台有效結合呢？就算我自己能夠並且已經使用科技資源輔助上課，學生能嗎？

某次香港翻轉教育協會成員到我的教室觀課，課後照例推崇我的課堂教學。即將散會之際，一位香港老師興高采烈地跟我說：「王老師，如果你的學生可以使用平板這樣那樣操作，就會更有效能，學得更好。」

我好整以暇地接招，並且搬出我早就習慣應對的一套說法回應她：「我的學生大概無法這樣那樣……」

一位我的學生恰巧經過我們身旁，那位香港老師攔住他，並且跟我說：「我來教他操作，一下子就好。」

我一看，這個小男孩在班上的學習表現並不怎麼樣，心裡更篤定了一些：「好，麻煩妳了。」

五分鐘過後，香港老師帶著小男孩回來找我：「秀給王老師看看你學會了什麼！」

小男孩運用平板，完成了線上心智繪圖口說發表的螢幕錄影，並且使用工具列進行圖像的放大、縮小、移動、註記以及調修。雖不熟練，但才五分鐘，小男孩就學會了——那個學習表現不怎麼樣的小男孩。

接下來幾個月，我跟我的學生一起研究如何讓平板或網路平台資源等等科技元素，與我的國文教學專業結合，一起設計調整我們國文課的上課模式。一直到現在，我與科技元素結合的國文課堂，已經成為台灣中小學現場教師學習的對象之一——特別是在因為疫情影響，中小學必須從實體課堂轉為遠距線上教學的這一年。

從「我是來教你的」，到「孩子教會我的」，再到「老師跟學生一起學會」，這個過程的轉變，恰恰是為什麼要問「為什麼在這間教室裡」、「為什麼要學國文或數學」等等學科的原因。

如果孩子知道為什麼而來，就隨著他們的熱情一起探索更多的未知；如果孩子不知道為什麼而來，就繼續跟他們在課堂上利用教學對話，探索他們自己還沒找到的熱情，連結他們的生活，讓他們開始探索未知的自己與未來。

我在台灣，阿茲琉斯老師在丹麥，我們都同樣在乎這個問題，在乎探索這個問題的必要。

《丹麥SUPER老師這樣教！》裡記錄了包括阿茲琉斯在內的十個丹麥老師，他們在各自的不同課堂裡，跟學生開展精彩的教與學之旅。書中不只分享丹麥老師們的教學經驗，也談他們對教學的熱忱與愛，非常值得台灣的老師與家長，當然也包括關心台灣未來的社會大眾一起閱讀思考。

我特別喜歡馬庫斯在台灣版作者序裡整理出的十一條原則，這十一條原則來自於作者統整了十位老師訪談內容的精華，包括：師生關係很重要、老師應該允許學生問「為什麼」、老師應該培養良性競爭的風氣、老師應該給學生成就感、老師應該鼓勵學生之間彼此合作、老師應該賦予學生責任感、老師應該鼓勵學生自己做決定、教學應該貼近真實人生、沒有一門學科是一座孤島、教室應該是一個舒適自在有活力的小社區，以及學校應該是社會的縮影。

我認為每一個老師都應該時刻拿這十一條原則檢視自己的教學職涯——不論是想要成為老師的師培生、年資尚淺充滿理想的在職老師、經驗豐富且對自己教學極有信心的中生代教師；或者，像我一樣，任教多年，對教育仍然深信不移的資深教師。

推薦序

教育，是一種信仰

孫菊君　《點亮藝術力》作者、SUPER教師

身為一名教師，我以自己的職業為榮。除了成為教養下一代的父母之外，「教師」這個身分，是真真切切能影響一個人一輩子的「重要他人」。老師的一句話、一段短語、一個應對姿態、一個親身示範，往往就對一個徬徨不定、惶惶不安的年輕心靈，產生安頓的力量。甚至當孩子身處孤獨的、茫然的、恐懼的、衝動的、危險的、下一步即是墜落的懸崖邊緣，也許因為老師的一聲呼喚，便有機會回首望向那股期盼所來何自，定神覺察自身所處境地，有機會選擇離開險境，為自己

再努力一下下。

對於孩子而言，學校應該是什麼樣的場域？教室應該是什麼樣的空間？老師又是什麼樣的存在？

回溯自身那一段存在於生命長達四分之一的求學歲月，我自問，當時的自己踏入校園是自信從容的嗎？走進教室是歡愉欣快的嗎？面對老師是輕鬆自在的嗎？爬梳腦海記憶庫，萌生出來的卻盡是蒼白感。背著沉重的書袋，緩步進入校園，川堂國父遺像上方，鑲嵌著斗大的忠孝仁愛信義和平，除了意識到那是班號排序，我無感。踏進日復一日沒有變化的教室空間，小小課桌排成直列六排，側著身才足以從窄窄甬道，走進自己那難以迴轉的坑洞安身其中，我消沉。記得那時總在六點五十分早到教室，趁著七點十分早點名準備晨掃之前，趴下爭取一點點補眠時間。睡眠總是不夠的，要完成大小作業，又要準備隔日考試，能夠就寢已過午夜，往往因為準備不夠充分而睡不安穩，五點起身再戰。印象中，與老師的相處總讓我緊張，即使柔聲問候，內容多是課業成績進步退步，彷彿能代表我這個人的，只有那些考卷上的得分數字和班排校排。

蒼白感來自於，這是一個沒有活力的地方，除了知識的學習，缺乏身而為人於其他面向的滋養。我想到著名的諷刺小說《格列佛遊記》（*Gulliver's Travels*）主人翁在第三次冒險旅行中到訪的「飛島國」是個愛好數學的國度，但是他們的學生在數學學院的學習，卻令人匪夷所思。格列佛發現，學院裡的學生看起來都不快樂且不健康，於是他問：「你們怎麼了？為什麼看起來都像生病的樣子？」學生回答：「我們剛『吃』掉今天的課程。」教授們將寫著數學問題與答案的紙團，讓學生「吃」掉，他們得花三天時間，只靠少量的水和麵包去消化這些紙團，這就是飛島國學生學習的方式！天啊～思及學生時代的我，蒼白且臃腫，而會不會直到今天，我們依然盡日餵食學生吃紙?!

幸運的是，我後來成為了藝術老師。就如同教育學者肯．羅賓森爵士（Sir Ken Robinson）《讓天賦自由》（*The Elements*）所言，在教育界普遍「重學術，輕藝術」的現象下，藝術老師反而成為公立教育體制現場，少數擁有教學專業自主權，不用受到課程進度與升學考試綁縛的一小批老師。我用藝術課堂的多元視野，嘗試幫助孩子啟發創意、追隨熱情，打造溫暖正向、深度連結的課堂文化。

一〇八課綱重視「素養」的培養，每個人都在問「素養」是什麼？「素養」要如何教？特別是面對枯燥艱澀的學科知能，老師要如何引動孩子的學習熱忱，願意主動自學探究、激發潛能、獨立思考？甚至可以流暢進行溝通表達、團隊協作、理解差異、尊重包容？

芬蘭、瑞典、挪威、丹麥、冰島這些北歐國家的教育模式，是這幾年最常被拿出來借鏡取經的熱門討論話題。我們看了很多北歐教育政策的報導，知道他們沒有固定課本和進度，不比較分數與排名競爭，以跨領域主題式教學，幫助學生「自主學習」，活用知識於生活。但是，回到教學現場，具體應該怎麼做？北歐的老師是怎麼成為老師？如何準備課程？又是怎麼與學生相處？引導生氣勃勃的對話討論？翻開《丹麥 SUPER 教師這樣教！》書頁，我們穿越時空，參與一間又一間甦活真實的教室現場。

他們利用國外姊妹校的遊學互動經驗體會文化衝擊與問題解決；從認識貸款利率知道數學很有用、自公路速限理解基本物理定律；準備短講向學弟妹教授幾何形狀測量；從名廚傑米・奧立佛的烹飪影片、訪談自己父母結識小故事來學習英文；利用兩難議題桌遊卡展開辯論開啟民主思辯，向學校董事會提案爭取改善學校不良冷卻系統；安排每星期的個別談心時間真正認識孩子面臨的困難與校外生活；帶孩子去參觀高中課堂、體驗高中生活；跳舞律動以認識自己身體和抒發情感、建立自信；討論觀察校外環境的新發現與新疑問成為課程的起點；從校外人士的分享學習到真實世界的運作方式。

他們是四十二歲的阿納斯、四十五歲的漢寧、五十四歲的海莉、五十二歲的阿納斯、四十八歲的基姆、四十七歲的梅蒂、四十一歲的彼得、四十七歲的瑪莉安、六十三歲的艾思蒂、四十六歲的湯瑪斯。

我撫頁輕喚著名，他們在課堂上奉獻熱情的影像在書中映現，每一張臉，滿溢著專注、熱切、真誠的神情。積極主動、饒富創意、人格獨立又具備國際觀的未來人才，在每一次教室裡師生間的緊密連結中誕生。

我是四十五歲的菊君，來自島國台灣，我信「教」，名「師」，我願意和孩子一起，每天進步一點點，成為更好的自己。

邀您同行。

台灣版作者序

丹麥人有句話說：「你以為很了解自己，等你有了孩子才知不然。」孩子就是有辦法改變你看待事物的觀點，改變你看待全世界的眼光。

這是我的經驗之談。我在丹麥長大，但身為駐外記者，我行遍天下，足跡無遠弗屆，漸漸也將自己視為一個世界公民。我總說自己很快就能適應異國文化。我在中國、柬埔寨和南韓都生活過、工作過，自認格外融入亞洲的傳統和規範。

但後來我有了孩子。準確來說，我們是在不到兩年內連有了三個孩子。先是生了個男孩彼得（Peter），一年多一點又生了龍鳳胎亞克柏（Jakob）和蕾貝卡

（Rebekka）。而後時序來到二〇一四年夏天，我們夫妻帶著家中的新成員，一家子搬到南韓首爾。妻子要到丹麥大使館赴任，我則要為北歐發行量最大的報紙《週末報》（*Weekendavisen*）撰寫日韓新聞。

東北亞的都會生活和哥本哈根的家庭生活很不一樣，但我們愛首爾的快步調和活力。大家都很親切熱情，也很喜歡小小孩。到處都會碰到有人擠眉弄眼地逗我們的孩子，又或者捏捏他們的臉頰、請他們吃點心。

每逢週末，我們一家人就到郊外欣賞自然美景。我會用特製的背包揹雙胞胎，一個揹在胸前，一個揹在背後。如此一來，我們就能全家一起去爬山。

我很滿意我們在亞洲的新生活。三個孩子開始去念當地的幼稚園，我也很滿意這所學校。老師們和善又有愛心，我的孩子跟這些老師也有了感情。但我很快就注意到，這裡和我家鄉的幼稚園有著細微的差異。而我越是注意，這些小小的差異就越變越大。

首先，這所在亞洲新成立的幼稚園感覺不像幼稚園，反倒比較像一所小學。

我的大兒子三歲時已經在學寫字和算術了。每星期兩次，有個中文老師會來唱歌給他聽，刺激他的中文語言能力。這種做法似乎很有效。我兒子開始東一點、西一點學到了一些韓文和中文。下午，我去接他放學時，只見他正在練習加法。我一方面以他為榮，一方面卻又覺得這會不會……太誇張了點？

我不禁想，離開丹麥讓我的孩子錯過了什麼？如果是在丹麥的幼稚園，他們絕大多數的時間只要玩就好了。不練算術，不學寫字，也絕對不上什麼外語課。他們每天都會到戶外去，整日在林子裡或鄉野間蹓躂。在丹麥，許多父母都會將孩子送去念所謂的「森林幼稚園」（Forest Kindergarten）。孩子們一年到頭待在戶外，爬爬樹、生營火煮午餐。到了冬天，他們就戴上毛帽、穿上毛衣、腳踩靴子，像小企鵝般到處走來走去。

北歐人熱愛帶孩子到戶外。我們相信野外生活能建立孩子的人格，並讓孩子在日後的人生中有更強的適應力。大自然裡沒有電視、電腦等各種螢幕，也沒有人造玩具，所以孩子們必須發揮想像力玩遊戲。和其他的小朋友互動時，他們要自己訂出規則，找到自己的角色。在戶外，他們也親身體驗到四季的變換，親自去探索這個世界。風霜雨雪等各種氣候刺激孩子的感官，也鍛鍊他們的體能。他們在大自然中學著認識自己。

在韓國就很少有這種體驗了。我們深愛那裡的生活和工作，但隨著一年又一年過去，我發覺自己渴望起北歐人陪伴孩子的方式。我不想一直逼孩子朝學業的方向發展。我想讓他們按照自己的步調成長，並發展不同的技能。隨著年紀漸長，他們自有大把時間可以學習英文文法和長除法。在人生最初的幾年，我想讓他們當個孩子就好。

我開始感覺到，北歐文化在我的骨子裡真的是根深蒂固。到頭來，我畢竟也不是那麼的世界公民嘛。若是我自己的子女，我就希望他們跟我有一樣的童年。我想讓他們玩個過癮。我想讓他們盡情交朋友，在跟其他孩子的互動中不必完成什麼特定的任務。我想讓他們把時間浪費在戶外。我不想讓他們花太多時間在課業上。至少現在還不要。就算不是從很小的時候就被逼著拿出表現來，我也相信他們在工作上終究會有豐碩的成果，而且還會活得比較快樂。

我開始研究亞洲各種不同的教育體制。在首爾，我訪問了正在準備大考的高中生。我很訝異他們累成那樣。見到這些學生時，距離考試還有幾星期，但他們看起來一副幾個月沒睡覺的模樣。我見到年紀比我孩子大不了多少的學生，他們已經私底下在補數學和英文。我發現中國、台灣、日本和亞洲其他國家也有一樣的現象。我也發現這些國家有許多師長在向國外尋求靈感，他們看到孩子為學業成績付出很大的代價，所以想方設法要為課堂和日常生活帶來小小的改變。

就在這樣的因緣際會之下，我認識了作家吳連鎬。我去拜訪了首爾市外一所仿效丹麥傳統「Efterskole」* 的學校，吳連鎬是這所學校的共同創辦人。在首爾市外的一棟建築上看到丹麥文的「Efterskole」，對我來說是一次改變人生的轉捩點。還記得我在一個寒冷的冬日裡，只是站在那兒望著招牌。在亞洲看到一點丹麥的

---

* 譯註：丹麥學制中的 Efterskole 為一年制的私立寄宿中學，十四歲至十八歲的青少年皆可就讀。

痕跡，感覺很奇特，卻又莫名的合理。

這所學校的學生似乎很高興能喘口氣，暫時擺脫當學生的壓力。上高中之前，他們有一年的時間寄宿在學校，而且有空到山上和附近的海邊散長長的步。他們重新把電池充飽，就像地球另一端同齡的北歐孩子一樣。有些學生已經明白自己在學科上不會有傑出的表現，所以開始摸索其他的技能。有些學生則在苦讀多年以後，純粹就是需要時間休息休息，也趁機考慮一下他們手中的選項。

為了我的報導，我訪問過吳連鎬幾次，我們開始比較北歐和亞洲的教育體制。亞洲有可能向丹麥取經嗎？透過寫書和公開演說，吳先生已顯示出許多韓國老師都有興趣借鏡丹麥。在他們的班上，有九成都不是成績優異的學生，他們想找到辦法激勵這些學生。但不管是師長或學生本人，似乎都不知該從哪裡著手。

本書的靈感是在首爾的一家咖啡館成形的。當時，吳連鎬和我談到擷取丹麥教師的經驗，或許能為亞洲的老師帶來啟發。我們不會假裝自己知道怎麼為人師表或為人父母比較好，而是純粹分享丹麥十位優秀教師的想法，但願這麼做能讓亞洲的老師透過嶄新的眼光，檢視自己的教學方法，甚至幫助他們做出小小的改進。

我們一家人在二〇一七年搬回丹麥，我也開始在國內各地尋訪經驗最豐富的老師。有些老師是經由別人介紹給我的，有些老師則是我透過《政治日報》（*Politiken*）每年頒發的權威獎項找到的。老師由學生、家長或同事提名角逐此一獎項，再由專家評審團頒獎給最優秀的中小學老師。設立此一獎項的目的是要表揚老師，獲獎人除了榮獲一座獎盃，也會得到一筆獎金。

在我的記者生涯中，行遍丹麥各地訪問老師可能是最具啟發性的一段日子了。他們對教學工作充滿熱忱，迫不及待要和我分享他們的想法和經驗。有些老師一刻不停地談上幾小時。他們談到數學、英文、政治和舞蹈的教學，也談到如何激勵喪失求學意願的學生、如何建立孩子的自信，以及如何準備考試。談話間，我學到越來越多丹麥教育體制的根本概念和價值觀，以及北歐五國和世界其他國家的不同。

我做了許許多多的訪問面談，但最後將範圍縮小到十位老師。我覺得他們代表了丹麥教育體制中最不可或缺的科目、價值觀和特色。我見到的每位老師都認為北歐式教育有其特殊貢獻。說到培養積極主動、饒富創意、人格獨立又有國際觀的學生，丹麥老師似乎特別有一套。丹麥不只位居國際間的幸福排行榜之冠，丹麥的孩子在許多教育方面的國際排行也是榜上有名。丹麥的孩子或許不是全世界的數學冠軍，但比起其他國家的孩子，他們學習數學的動力最強，而且覺得數學很「有趣」。他們的英文口語能力，乃至於出國留學或工作的意願，在全世界也是名列前茅。

所以，本書旨在呈現丹麥十大傑出教師怎麼教孩子。你會從書中認識到這些老師，學到他們的教學觀和教學法。但這不只是一本關於教學的書籍，本書也對師生之間的關係提出基礎問答。孩子為什麼要學某些特定的科目？人為什麼要上學？學校在孩子的人生中負有何種責任？

經過一小時又一小時的聆聽、閱讀草稿和討論，我們發覺所有的丹麥老師似乎都有一套共同的教學原則。特此整理出十一條每位老師分別以不同方式提到的原則：

一、師生關係很重要。單單傳道授業是不夠的，師生之間也應該要有人性化的關係。

二、在開始上課之前，老師應該允許學生問「為什麼」：我們為什麼在這間教室裡？我們為什麼一定要學英文、數學和科學？老師應該要能回答這些根本問題。

三、老師不該讓學生淪為競爭的奴隸。老師應該培養良性競爭的風氣，遏阻惡性競爭。惡性競爭只對個人有利，良性競爭則有助於班上全體同學。

四、老師應該允許學生掉出全班前十名之外。老師應該照顧跟不上的同學，給學生成就感，不要讓學生有陰影。

五、老師應該鼓勵學生之間相互著想、彼此合作。透過交談與合作更容易學習新事物。聽比說更重要。

六、老師應該把學生當成青年人來對待，從而賦予學生責任感，養成批判思考的能力。

七、老師應該鼓勵學生自己做決定，讓學生過自主的生活，從中學習為自己的所作所為負責。

八、班級應該是為了生活而存在，不是為了考試而存在。教學應該貼近真實人生，並著重於學生的疑問與興趣。

九、沒有一門學科是一座孤島。老師應該要能教音樂連帶教政治，或者教英文的同時也教科學。這才像真實的人生。在真實人生中，學生要成功就必須結合不同的技能。

十、教室絕不該淪為大學入學考試的戰場。教室應該是一個舒適自在、有活力的小社區，沒有威脅恫嚇，也沒有霸凌或暴力。

十一、學校應該是社會的縮影。學生應該獲准參與學校的管理。

這些就是本書要探討的大原則。當然，這不代表丹麥老師知道所有答案。本書不是一本指南書，而是一本讀者可從中擷取及挑選想法與建議的索引。

許多丹麥老師都對本書有所貢獻，我欠他們一筆大大的人情。我也想謝謝吳連鎬一路上莫大的耐心和指教。在我們一起完成本書的三年期間，他是我的良師益友。

最後，我想謝謝你拿起這本書。我在亞洲度過的那幾年，以及我在亞洲和北歐兩地有過的許多討論，都讓我學到了很多。我希望你從接下來的分享中也能學到一些東西。

馬庫斯・班辛

二〇二〇年秋

寫於哥本哈根

阿納斯・修茲（Anders Schultz）

42 歲，13 年教學經驗的高中教師

於陸森斯丁高級中學（Rysensteen Gymnasium）教授歷史，並主持該校的全球公民養成計畫（Global Citizenship Program）。

第一章
養成未來的世界公民

丹麥的兒童和青少年常讓外國人讚歎的一點，就是他們的英文說得有多好。丹麥人英文好有幾個原因。首先丹麥是個只有五百八十萬人口的小國，而且丹麥人從小看英文的電視節目、書籍和漫畫長大。在丹麥，國外的電視節目不會另外配音，但是會有字幕，所以孩子們一方面浸淫在原文中，一方面練習如何認字。

但還有另一個原因。丹麥的孩子在學校就學會把自己當成世界公民。他們學到全世界正面臨哪些挑戰，並受到鼓勵出國留學和工作。公民精神是丹麥教育的基石。學校不該只是傳道授業，還應該把孩子栽培成社會上負責任的公民。孩子們在學校學會彼此尊重，以民主的方式表達個人意見。耳濡目染之下，丹麥的公民傳統內化在孩子心裡。時至今日，丹麥的學校是以全球為背景教育這些未來公民，目標是要為學生做好準備，迎向全球化的未來。屆時，他們要有能力和來自各種背景與文化的人互動。

在這方面最積極的學校，要屬哥本哈根中部的陸森斯丁高級中學。從二〇一〇年起，該校就有一個為時三年的全球公民養成計畫，由四十二歲的歷史老師阿納斯．修茲主持。

「我們想把丹麥的公民價值和民主帶到全球化的世界中，」阿納斯說，「這意味著兩件事：一是給學生到國際上追求職業發展的動機，並為他們做好登上世界舞台的準備。我們希望本校的高中生要能和不同文化背景的人共事，在世界舞台上自在悠遊。二是把學生教育成有識之士，具備解決問題的能力，以迎接二十一世紀全球面臨的挑戰。這意思不是說他們都該去做慈善工作，而是無論他們最後做什麼，我們都希望他們能有國際觀。」

＊
＊
＊

陸森斯丁高級中學是全球唯一一所擁有整整三年世界公民養成計畫的學校。一開始是因為校長注意到丹麥學生出國留學的人數下降。丹麥有很強的留學傳統，向來流行把學生送到世界各地的大學就讀。當留學人數下降時，校長和阿納斯就開始探討原因，並決定針對問題的癥結設計一套學習計畫。

陸森斯丁也是一所傳統的高中，學生一樣要上數學課、語言課、藝術課和音樂課。但在全球公民養成計畫裡，每個科目都著重於國際觀。一般而言，學生只能就讀自家附近的高中，但陸森斯丁得到政府的特許，可錄取來自全丹麥的學生。全球公民養成計畫的經費來自學校本身的預算，但學生的父母要支付高年級學期末的出國遊學費用。

陸森斯丁展開這個計畫時也新創了十個科目，包括一門「文化理解課」。

「我們想要教給學生的全球公民精神有三個層面，」阿納斯說，「一是認識國際事務和全球面臨的挑戰，二是分析不同文化之間的互動，三是行動能力。我們要讓學生覺得自己能為世界帶來改變，並具備在全球舞台上一展身手的知識與分析能力。要是不知道世界上發生什麼事，或者不曾受過分析訓練，他們自然沒有能力改變世界。我們認為學生一定要接觸其他文化，並試著了解其他國家的人為什麼會有他們的感受和行為。世界越來越全球化了，我們的學生必須了解這一點，並學會如何因應。學生要能體認到經濟的變化和科技的進步，並為此做好準備。他們必須明白改變正在發生，但也必須懂得如何在變動的局勢中體現丹麥教育的傳統價值。」

阿納斯是推動這個計畫的一股力量。他深信高級中學不只該為學生未來的人生和職涯鋪路，也應該激勵學生為全球社會負起責任。他希望自己教出來的學生懷著改變世界的雄心壯志畢業。

「我們認為教育應該要國際化，但我們教給學生的其實是丹麥數百年來的傳統價值。公民精神、負責任、走出自己的路都是丹麥教育的傳統，只不過現在要放在全球的脈絡中。公民的權利與義務不只是選舉時投個票這麼表面的東西，重要性也遠不止於此。學習如何當一個民主社會的公民也涉及學習與他者共處，這包括他人和其他的群體。你要學習傾聽別人的意見，對最好的意見作出讓步。我們其實是將根深蒂固的丹麥傳統擴及到全球的規模上。這些都是丹麥傳統的價值，但我認為這些價值也是影響全球社會、在世界舞台上獲得成功的必備要素。」

阿納斯．修茲認為，跨國企業在延攬未來的管理人才時，要看的就是諸如此類的價值和能力。

「要在國際社會上成功，精通英文或某一門學科是不夠的。身處當今之世，你要懂得如何分析周遭發生的事情，並具備採取行動的信心與能力。不只在政治界，企業界也很需要諸如此類的特質。許多企業要的不是階級制度和以上對下的管理方式，而是發展有助於員工自己做決定的獨立單位。研究顯示這種組織架構對創新也有好處，而丹麥的企業正是以創新聞名。決策不見得是由最資深的主管來做，而是交給最懂相關課題的人。在這樣的企業環境中，主管信任員工，而員工對自己做的決定有信心。這不只是一個國家固有文化與傳統影響的結果，也是學校會教給學生的能力。在學習公民精神及個人對社會的義務時，他們也在養成企業界渴求的特質。學識淵博是不夠的，你內心也要有一道聲音告訴你：『你做得到！你可以帶來改變！』學生必須了解到自己既能做重大的決定，也能為自己的決定負責。這當中有很大一部分都牽涉到自信。我們設法為學生灌輸終其一生都能仰仗的自信。」

＊　＊　＊

全球公民養成計畫的第一部分是學習全球事務和世界各地的不同文化，每個班級在別的國家都有一個姊妹班，學生在上學的第一天就會知道。陸森斯丁高級中學在中國、南韓、美國、俄羅斯、阿根廷和冰島都有姊妹班。學生也會學到其他各國的事情，但特別著重於自己的姊妹國。舉例而言，在歷史課上，南韓姊妹班的學生會學到朝鮮日治時期和韓戰。在藝術課上，他們則會閱讀韓國的文學作品、聽韓國的流行歌曲。這麼做的目標是要讓每位學生都嫻熟南韓的政治、文化和民風，為他們在高中最後一年出國拜訪姊妹班做準備。學生花很多時間為這次遊學做準備。他們討論兩國的文化差異，也討論如何克服語言障礙、異議及誤解。在全球事務課上，阿納斯一開始總是先讓學生看到一連串這世界越變越好的事實。

「我想讓學生看到即使他們面臨很多挑戰，這一代其實比前幾代過得更輕鬆。整體而言，世界局勢比三十年前好多了。人很容易就會著眼於負面的事情上，但你可以改變看事情的眼光。我們要讓學生知道他們可以帶來改變、幫助世界，只要他們願意試試看。這一層認知會激勵他們更努力。單單一門課不足以教學生為全球發展負起責任，但我們在學校所做的一切都蘊含這種精神。那是一種文化。這種精神就存在於我們和學生溝通的方式之中。除了強調他們務必要了解周遭發生的事情，我們也很注重他們採取行動的能力。我們尊重學生的意見、鼓勵他們勇於發言。這一切都在培養學生的責任感。丹麥學生很習慣和大人互動。從幼稚園開始，師長就鼓勵他們挑戰權威。丹麥老師一再告訴孩子們要獨立思考、不要把任何一件事視為理所當然。所以，到他們開始上高中時，學生已經很習慣獨立思考了。我認為老師應該把學生視為有權擁有個人意見、能夠照顧自己的青年人。只要他們能用站得住腳的論點來溝通，你就必須尊重他們的想法。透過這種做法，我們讓學生看到他們也應該尊重及傾聽別人的意見——不只是丹麥人，還有南韓人、中國人、美國人……全世界的人。當然，這是很大的挑戰，因為你還是得有一點身為老師的威信。你總是得保持微妙的平衡。但要養成學生的全球公民精神，不見得要改變全社會的文化或長幼尊卑的觀念。丹麥的歷史文化和中國、南韓或美國不同，但這不代表這些國家的學校就不能採納這種教學法。學校可以打破一點長幼尊卑的觀念，鼓勵學生獨立、批判、形成自己的看法。不只在學校，還有在政治界和企業界，我認為有這種文化是很健康的。你不需要為了改變教育系統而改變一國文化。我知道有許多國家都想鼓勵批判思考、創意和革新，而要達到這個目的，讓學生上全球公民課就是很好的辦法。」

阿納斯．修茲表示，對於教學國際化，他的同事們執行起來沒什麼困難。高中的每個科目都帶有全球化的色彩。自然科學課特別著重氣候變遷，以及不同的國家與文化如何因應氣候變遷的挑戰。歷史課可能就著重於聯合國議題，或社會過往如何處理難民問題。數學老師可以帶學生檢視經濟危機或全球貧富不均的根源，學生也可以用數學來分析大眾傳播媒體，研究媒體如何操弄統計數據以製造假新聞。學生也花很多時間分析外國文化。在藝術課上，他們分析其他國家的電影、繪畫或建築。在音樂課上，他們欣賞來自其他音樂傳統的詞曲。

在陸森斯丁高級中學，學生常討論如何與外國人互動，如何尊重、傾聽、和意見不同的人溝通。這是為學生到國外姊妹班遊學做準備的辦法。學生要在寄宿家庭住整整一週，到姊妹班上學以外，回到家和寄宿家庭一起用餐。對丹麥高中生來說，遊學經驗有時還是會帶來文化衝擊。他們自認思想開通，而且對不同的文化有興趣，但當面臨不同的價值觀與規範時，他們有時還是難以招架。因為要和寄宿家庭同住整整一週，學生必須適應自身所處的環境，不能索性逃離或默不吭聲。

「和來自不同文化的人密切相處是很可貴的經驗，」阿納斯說，「生活在今日，你隨時都要面對不同的文化。年輕人已經在網路上和其他國家的人互動過，在往後的人生中，他們可能要和來自另一個文化的人共事。就算你不打算移居別國，懂得和其他文化的人相處對你的職涯還是大有益處。」

遊學回來後，學生花時間討論他們的經驗，聊一聊他們遇到的衝突或出乎意料的特殊狀況。回到哥本哈根後，他們設法推敲造成誤會的可能原因和不同的解決辦法。學生也會以這次遊學為題，做一支四分鐘的紀錄短片，放給全班和校外來賓看。有些來賓是地方上的政治人物和記者，他們會針對影片給予回饋。

「見過姊妹班之後，學生總會覺得無力，」阿納斯說，「但這是他們成為世界公民很重要的一步。他們必須逼自己通過這個考驗。走進一戶埃及人家，不知道如何跟長輩打招呼或要說些什麼，真的是讓人很為難，一個星期都要這樣度過也真的很累人，但學生無不以自己為豪。他們接下這個挑戰、得到成長。平日課業表現不佳的學生尤其能從中得到成就感，因為他們做到了。這次經驗鼓勵他們日後再跟來自其他文化的人接觸，而他們也看到了自己的適應力，知道無論在未來的人生中碰到什麼，他們總有辦法適應。我們不是要逼他們出國深造或到國外發展，而是想讓他們參與這個全球化的世界，無論他們人日後會在哪裡。他們也會學到一些日後總會證明有用的東西，例如傾聽的能力，以及和不同想法的人談話的能力。無形中，他們學到如何溝通和表達自己的意見。」

國外的姊妹班也會來丹麥拜訪，並和丹麥學生共度一週。到了學年末，他們全都會在模擬聯合國（Model United Nations）上相聚。這是一場世界各地的學生參與學習國際事務的研討會，會後有盛大的晚餐和派對。許多學生在道別時都流下了眼淚。

阿納斯．修茲的世界公民教學小叮嚀：

一、現在就開始教學生公民的權利與義務。讓學生明白他們必須負起責任。他們的意見和行動對全球社群而言是重要的。

二、討論和來自其他文化的人見面的情況。教學生如何在忠於個人意見和價值觀的同時，也當一個尊重他人的傾聽者。

三、探討二十一世紀全球面臨的挑戰。讓學生知道他們對解決問題是舉足輕重的。

漢寧・阿茲琉斯（Henning Afzelius）

45 歲，擔任高中教師 15 年

哥本哈根大學（University of Copenhagen）天文物理學碩士

於哥本哈根的諾爾高級中學（Nørre Gymnasium）教授數學、物理學及天文學。《政治日報》2014 年全國最佳高中教師獎得主。

第二章

在點點繁星中愛上數學

漢寧・阿茲琉斯小時候就愛望著夜空。天空在他眼裡很神祕。繁星無數，宇宙無垠。他會讀有關行星和太空探險的書籍。得知蘇聯的太空犬萊卡（Laika）在返回地球途中不幸殞命的時候，他還哭了出來。打從有記憶以來，阿茲琉斯就深愛天文學。一得知仰望夜空能作為一種職業，他便告訴父母那就是他的志願：長大之後，他要打造火箭或望遠鏡，探索這個宇宙。

但天不從人願。阿茲琉斯一開始求學的目標是要成為工程師，心想自己會專攻航太學，最終受僱於美國或別國的太空總署。他的分數名列前茅，教授們對他讚譽有加。

但接著他的女友懷孕了。他們兩人都是左支右絀的窮學生。第二個孩子來報到時，學生津貼[1]再也不夠他們維持生計。為了養家，阿茲琉斯休學去打零工。那段日子過得很辛苦。因為孩子的緣故，他晚上沒法睡，白天又要工作很長的時間。記憶中，他一天到晚不是工作就是顧小孩。最慘的莫過於早晨。整夜沒睡好的他得為孩子做早餐、餵飯、穿衣，送他們去幼稚園，再及時趕去上班。

就這樣過了一段時日，阿茲琉斯終於鼓起勇氣回去念大學。這次，他要專攻他向來熱愛的科目——天文物理學。他女友當上了老師，阿茲琉斯則開始在她任教的高中兼職教天文學。他終於找到自己的使命了。孩子成為他人生中的一大部分，他要跟他們分享自己對宇宙的愛。

拿到天文物理學碩士學位以後，他開始全職在諾爾高級中學教數學、物理學及天文學。諾爾高級中學是哥本哈根的一所高中。這裡的學生連續幾年提名他角逐《政治日報》的全國教師獎，直到他在二〇一四年終於獲獎為止。

提名阿茲琉斯的學生說他擅長把數學和自然科學變得「很有趣」。許多學生從沒想過這些科目會跟「有趣」沾上邊。阿茲琉斯的說法則略有不同：

「我設法讓學生覺得這些科目跟自己有關係。」他家就在他任教的高中附近，他坐在自家廚房裡對我說：「我個人很愛數學、物理學和天文學的世界，但我大部分的學生都不愛，至少在我剛認識他們的時候不是這樣的。所以，我要做的第一件事，就是讓學生體會到這些科目對他們很重要。我要讓學生知道，如果他們對數學和科學沒興趣，那他們可就錯過一件很了不起的東西了。」

* * *

1 在丹麥受教育，從學前班（preschool）一路到大學，都是免費的。此外，丹麥學生年滿十八歲即享有國家教育扶助金（State Educational Support），不與父母同住的學生目前每月可領一千美元多一點，剛好夠付生活費，尤其是住學生宿舍的話。（譯註：「學前班」為丹麥國民義務教育中六歲學童就讀的零年級，詳見第三章關於公學之說明。）

阿茲琉斯見到入學新生時，總是會問他們覺得自己為什麼在這裡。這變成他跟新班級第一次見面的慣例。在國小、國中和高中，丹麥的學校一班最多都是二十八名學生，阿茲琉斯要盡快認識他們。第一堂課的兩個小時，他就用來請學生回答這個看似簡單的問題。

「我請他們坐下，問他們覺得自己此刻為什麼在這間教室裡。『你覺得為什麼要學數學或物理學或天文學呢？』我豎起耳朵聽每位學生的答案，因為我可以從中得知他們的程度和動機。這是一個簡單的問題，但並不容易回答。有些學生很清楚自己為什麼要學數學。他們本來就喜歡數學，而且知道要學數學才能接受更高等的教育。我知道這些學生教起來不會有任何問題。沒有我的幫忙，他們也會好好用功——我要做的只是看看該鞭策他們到什麼地步。也有一群學生談不上對數學有興趣，但他們知道在課堂上要注意聽課，也知道未來上大學和找工作都要會一點數學。這些學生需要多一點的動力，但他們通常也不成問題。」

但還有第三種學生會告訴阿茲琉斯，他們之所以在這裡，只因為課表上有這堂課。他們學數學和科學，只因為大人要他們上這些課。他們對數學懂得很少，也沒什麼信心能學會更多。更有甚者，在整個求學生涯當中，常常有人說他們的數學真的很差。

「班上總有幾位這樣的同學，而我知道自己必須特別關照他們，」阿茲琉斯說，「我要找出他們在課業以外的興趣是什麼，以及他們高中畢業以後想要做什麼。有些學生知道自己上大學想念什麼科系，我會跟他們解釋說要會數學才上得了那些科系。但有些學生不知道高中畢業後要幹嘛，我就會試著讓他們明白，數學在日常生活中也很重要。我設法讓數學變得跟他們有關係。光說數學對於出社會或未來的職業生涯很重要是沒用的，因為學生不會有共鳴。他們要能具體想像數學的用處。他們要能感受得到。你必須告訴他們為什麼『此時此刻』學數學很重要。」

為此，他會注意學生的日常生活。他才剛開始認識這些學生，還沒出過任何作業。要到確定每位同學都覺得有充分的理由坐在教室裡，他才會正式開始教數學。如果學生覺得學數學是因為大人叫他們學，無論他教了什麼都不會留在他們的腦海裡。

「我通常會從利率教起，」阿茲琉斯說，「在丹麥和許多國家，貸款的利率都很高，而年輕人不知道後果。我試著用具象化的方式，讓每位學生都看得懂。我會拿一張紙，問學生我要對折幾次，才會達到一公尺的高度。有些學生會說一千次，有些學生會說一百萬次，但其實只要對折十四次就夠了。教到這裡，因為一張紙不可能對折十四次，我就拿一疊紙疊上去，讓學生看見對折到最後的結果。我把幾百張紙一疊一疊堆上去，讓學生看到這些紙越堆越高。最後一疊紙堆上去之後，高度達到一點六公尺。這時，我就跟學生解釋說，第一張紙是他們一開始借的錢，後來堆上去的紙全都是他們付的利息。這一堆紙的視覺效果很震撼，每位學生都記憶深刻。而且，對數學沒興趣的學生也看到自己為什麼要注意聽課，因為他們會學到在現實世界中有用的東西。一旦明白了這一點，我就抓住了他們的注意力。他們準備好要開始學習，準備好要受到數學的感動，準備好要有一次正面的學習經驗。最終，他們會覺得自己學到東西、得到一點成就感。給學生成就感是我一直以來追求的目標。學生可以對自己說：『我本來不會，現在我學會了！』只要嚐到成就感，他們就有了繼續學習的動力。最難的部分在第一次。但面對學習動機較弱的學生，確保他們能有一次學習數學的正面經驗，就是我的職責所在。」

＊　＊　＊

初級、中級和高級的數學及科學，阿茲琉斯都教，所有學生到了學年末都要考試。在他任教的高中，高年級的學生可能要考數學筆試和口試——這是到了一學年的尾聲由抽籤決定的。

就跟許多數學老師一樣，學生的學習動機是阿茲琉斯最大的挑戰。高中生的學習目標很廣，要學的東西很多，時間卻太少。許多學生總會碰到學不下去的時候。少數學生在上課前就會把上課要用的東西拿出來準備好，但很多學生則是學著學著越來越沒勁。在丹麥，有多達九成的學生是從國中直升高中，而他們常常要上數學課和科學課。

一旦成功說服全班同學他們在這裡是有理由的，接下來阿茲琉斯就設法讓同學們有參與感。他要讓他們產生好奇心，主動問問題並參與討論。這是他的目標，但為了達成目標，他要先跟學生建立一對一的關係。他必須破除師生之間的隔閡。許多丹麥老師都會試圖這麼做，但未必成功。數學、物理學和天文學等科目都是精密科學，老師往往比教其他科目的同事更有專業上的權威。阿茲琉斯說，這就是為什麼打破藩籬、和學生建立關係對數學老師格外重要。

「老師應該拿捏好自己在班上要施展多少權威。要創造平等的關係是有技巧的。舉例而言，規定學生在某個期限內交作業就給我很大的權力。這種情況等於是我要求學生在特定的時間做到某件事，如果沒做到，他們就會受到低分的懲罰，或甚至不能畢業。我的學生有這種自覺，而這就影響到我們之間的關係。我成為單方面對他們下命令的權威人物。為了避免這種權力不對等的情形，我會盡快開始改作業。學生交作業的時候，我會確切告訴他們什麼時候可以拿回作業，這麼做等於是把權力還給學生。因為當我承諾在某個日期歸還作業時，他們就成為盯我進度的人。我藉由將部分權力還給學生，在教室裡創造更為平等的關係。我不想讓學生把我視為某個交代他們做事的人。如果你想讓學生參與到課堂中，創造出這種不對等的學習環境就不好了。如果學生覺得所有的權力都握在老師手上，那他們在學校不管多努力都不重要了。反正老師握有最後的決定權，學生覺得自己做什麼也沒差，這就扼殺了他們的學習動力。如果師生之間的鴻溝太大，學生就不敢在課堂上發言。除非百分之百有把握說出正確的答案，否則他們就什麼也不說。這是我不計代價都要避免的學習環境。在這種環境中，學生不去犯錯、不去探索新事物，而是固守自己確知的東西。這不是我心目中的『學習』。這不是讓學生保持動力和好奇心的辦法。」

在北歐國家，師生之間的關係很特殊。換成其他國家，要老師交出權威可能就比較困難。即使是在丹麥，有些老師也很難做到。阿茲琉斯剛開始教書時，有位前輩就告訴他，無論如何他都不能在學生面前認錯，否則他的威嚴就不保了。阿茲琉斯認為這大概是他聽過最糟糕的建議了。

「我就跟所有老師一樣，很多時候都會出錯，但我總是很高興看到有學生指出來。那表示他們懂這個主題，而且不怕發言。如果你問我的看法，我認為這就是老師想要的那種學生。日後到了職場上，這也是人人都想要的那種同事和主管——他們會注意聽你說話，而且不怕表達自己的意見。數學和物理是我的專長，但國文非我所長，有時我在黑板上會寫錯字。每當有學生指正我的錯字，我就被拉到跟他們平起平坐的高度。評估者和被評估者之間的距離縮短了。而你如果想激勵學生學習像數學這樣的科目，縮短這個距離極為重要。」

過愚人節是丹麥固有的傳統。四月一日那天，每個人都可以惡作劇一下。阿茲琉斯的學生就常在那天捉弄他。某年愚人節，全班學生都躲在走廊，只有一位學生來教室上課，這位學生還一副若無其事的模樣。阿茲琉斯一頭霧水，到處找他的學生。幾分鐘後，躲起來的學生一起衝進教室，大家笑成一團。

「事後我很高興，因為這證明學生能和我打成一片。他們覺得可以放心對我惡作劇。如果他們可以和我鬧著玩，那他們也就可以跟我聊數學和科學。每當學生說想考出讓我引以為豪的成績，我也會覺得很感動。這也是師生之間感情好的結果。他們努力準備考試，不只是為了父母或自己，也是因為他們覺得要盡力才不會辜負我。」

* * *

在諾爾高級中學任教幾年之後，阿茲琉斯開始帶學習動機較弱的班級。校長發現他很會激勵學生學數學，就安排他負責一班特別無心學習的學生。學生可自由選擇不同程度的數學課和科學課，有些學習動機較弱的學生最後就集中到同一班去了。至今阿茲琉斯仍負責教這個班級。只是不管他再怎麼努力，有些學生仍混到勉強可以畢業為止。

「在數學和科學的世界裡，答案總有明確的對與錯，」阿茲琉斯說，「如果你數學不好，你就會一再聽到別人說你的答案是錯的。年復一年聽到這種話，後來就變成一種自證預言*。你老是寫錯答案，你的作業老是滿江紅，最後你就會對自己失去信心。在上高中之前，我有些學生聽這種話已經聽了九年。其他科目沒有這樣的學習障礙。我從沒碰過一個學生說自己是歷史零蛋或文學零蛋，但好多學生都跟我說他們是數學白痴。他們會說『我知道我學不會』或『我就是沒有數學天分』。他們考過那麼多的考試，拿過那麼多的低分，學習動力已經喪失殆盡了。當然，學生如果答錯了，你必須糾正他們，但在教學過程中，你也要盡可能獎勵他們。每次學生上台做報告，我都會給予稱讚和祝賀。學生從講台上走下來時，我總是鼓掌為他們喝采。因為我知道在全班面前站上講台有多難，尤其是在你數學不好的情況下。」

為了激勵學習動機較弱的學生，阿茲琉斯有時會出小學程度的作業給他們。即使是最基礎的習題，只要答對了都能給學生動力，阿茲琉斯就從這裡開始循序漸進。教科學課時，他盡量多用日常生活中的例子。認識基本的物理定律有助於了解發生在你周遭的許多事情。他談到公路的速限有什麼物理學上的根據，也談到以前的人花了很多時間和金錢，想打造出量子電腦，直到物理學家根據物理定律證明這是不可能的。有時，他會帶汽車廣告到學校，請學生從物理學的角度，探究廣告標榜的內容有沒有可能做到。能源生產是另一個多數學生都有共鳴的主題。他跟學生談到不同能源的好處和隱憂，包括核能、燃煤和風力等等。

「我們該不該開始蓋更多核能發電廠呢？為什麼大家不蓋風力發電機就好了呢？學生知道這些問題很重要，他們總有一天必須去思考。我們談到燃煤發電造成的汙染，以及不同的能源對環境和公衛帶來的衝擊。諸如此類的探討，一樣有助於他們具體想像物理定律對日常生活的影響。」

---

* 譯註：self-fulfilling prophecy，心理學術語，意指先入為主的假設影響到行為，最後這個假設就真的應驗了。此處指外界的種種訊息讓你覺得自己數學不好，最後你就真的學不好數學。

有時候，高中的課業壓力沉重到超出學生負荷。數學基礎和物理基礎不好的學生如此，學習動機很強的學生亦然。

「有些學生逼自己逼得太緊了。有些學生就算考出全天下最高分，還是會給自己很大的壓力。我會叫他們放輕鬆一點。我明白他們為什麼想在數學或物理學的領域拿第一，但適時告訴他們這樣就夠了也是我的職責所在。他們必須學會適可而止，並為自己取得的成績高興。在大學主修天文物理學時，我自己也有這種問題。我的報告拿到最高分，本來我還很得意，直到指導教授坐下來跟我談，問我花了多少時間做這份報告。後來我才明白，念書不是只求提高分數，你也要懂得適可而止。要為一件事花多少時間是有限度的，念書這件事亦然。難歸難，學生還是要學著善用時間。有時候，我必須叫班上頂尖的學生別再叫我出更多作業了。『你已經做完了。』我告訴他們：『恭喜！你做得很好。現在該休息一下了。』」

漢寧．阿茲琉斯的數學教學小叮嚀：

一、從你最熱愛的教學主題開始。學生會受到感染並回報你的熱情。換作父母也是如此：當你展現出對某件事的熱情，你的熱情就會產生正面的影響力，促使孩子加倍努力用功。

二、弄假直到成真。如果你對某個教學主題不太熱衷，也要假裝你很熱衷。你盡力了，學生就會給你回報。

三、每位學生都該帶著愉快的學習經驗回家。出簡單的作業給程度較差的學生。如果他們還是答不對，那就給他們甚至更簡單的作業。

海莉・霍基亞（Helle Houkjær）

54 歲，教學經驗 32 年

在哥本哈根南部的侯葛斯貢公學（Krogårdsskolen）國中部教科學和數學，多次贏得最佳科學教案及教材獎項。《政治日報》2018 年全國最佳教師獎得主。

第三章

人生習題不評分

在丹麥，考試不是什麼大事。在國中八年級*以前，學生一般不會得到評分，老師只會給學生評語，並在課堂上討論及講評學生的作業，但不會打分數。

相較於大部分的國家，丹麥學校的考試也不多。國中生可能會有丹麥文、英文和數學的期中考，但要到九年級才會開始真正的考試，包括期中考和學年末的

* 譯註：丹麥學制中，公學為免費就讀之公立學校，涵蓋六歲至十五歲的十年國民義務教育。大致上，六歲為零年級，亦稱為學前班；七歲至十二歲為一至六年級，屬小學階段；十三歲至十五歲為七至九年級，屬國中階段。另有可念可不念的十年級，九年級畢業即可申請高中，但在升上高中之前，學生也可選念十年級以補強實力，或當作一種緩衝稍事休息。

期末考。年度期末考總計有七個項目，其中有五項是固定的：丹麥文口語測驗、丹麥文筆試、數學筆試、英文口語測驗和科學口試。剩下的兩個項目則是從其他科目隨機抽考，有可能是口試或筆試。

考試結果再加上其他科目的分數，整體平均下來，決定了學生能不能繼續念高中。學校也會給學生一句評語，表明他們具有「銜接至高中教育的資格」。但不管是分數或評語，升上高中的門檻都沒有那麼嚴格，多數學生只要想念高中就能念。

丹麥也有部分老師呼籲要舉行更多的測驗和考試，但多數老師都很滿意學生到八年級之前不用考試的制度，海莉．霍基亞就是其中之一。她教數學和科學二十八個年頭了，始終堅信要測出孩子的程度有很多更好的辦法，尤其在這些考試是由公家單位主辦的情況下，出題者並不了解孩子本人。在許多丹麥老師眼裡，測驗和考試對教學的自由與獨立是一種威脅。

* * *

「我不喜歡打分數，」海莉．霍基亞說，「我都跟學生說，分數對學習來說不是很重要，最重要的是持續進步，還有盡個人的能力，能學多少就學多少。不過，有些形式的測驗還可以。我認為去評估和觀察個別學生在一學年中學到什麼就合理得多。我尤其喜歡小組考試，亦即同一組的學生一起討論，再發表他們共同腦力激盪的結果。在科學的領域，我們也有一種考法是學生必須進行科學實驗，再把實驗結果呈交給我。想測出學生是否掌握了我教的各種科學方法和技巧，這是一個很好的辦法。但對我而言，學生的參與很重要。這些方法怎麼用和用在哪裡，應該要由他們來決定。」

海莉說，即使是在自然科學的領域，學生也應該獲准設計自己的專題計畫。這麼做可以激發他們的好奇與創意。他們變成探險家和發明人，而不只是試圖摸索正確答案的學生。

「我覺得這種計畫和考試才刺激，因為往往會有連我也想不透的問題冒出來，挑戰我身為老師的專業。這些計畫變成我們共同的計畫，而不是學校或教育部替我們決定好的東西。我認為測驗學生掌握了多少死板的知識沒有意義。而且，我不認為應該給全國學生一模一樣的考題。我不喜歡那種只是要學生死記硬背的考試和測驗。我都稱這種考試為『鸚鵡學舌』，學生其實不知道自己在考什麼，只是複製老師告訴他們的東西，就像鸚鵡模仿人類說話一樣；不需要對考題有真正的理解與體會，只是依樣畫葫蘆。我不認為從準備這種考試當中能學到多少東西。到頭來，你變成只是為了考試在念書，而不是為了更深入了解一門學問。還有，依我之見，學生不該去考一些他們覺得事不關己的考試。我們知道這在大人身上是行不通的，那麼用在孩子身上又怎麼行得通呢？如果老闆叫你去考跟你工作內容無關的考試，你肯定不樂意吧。跟自己有關的事，我們做起來才會覺得有意義。同樣的道理也適用於求學的孩子們。」

海莉・霍基亞不是唯一一位這麼想的老師。北歐國家和世界上其他國家的學校有一個很大的差異，在於它們如何看待測驗、考試和機械化的學習。丹麥老師不會花很多時間灌輸知識給學生。他們不要學生只是記下老師說的話。他們對學生的學習過程更有興趣。他們想做的是確保學生以批判、獨立的方式，針對如何獲取知識，摸索出自己的一套心得。

「你不該讓考試決定你的教學方式和教學內容，否則那就叫做『為考試而教』，這麼做只會削弱學習動機；相反的，我們應該讓老師根據自己的判斷，為學生量身打造適合的測驗標準。他們最清楚在哪個階段要讓學生學些什麼，以及一門課當中他們想讓學生記住哪些部分。我盡量避免讓我的學生接受由外人設計考題的測驗。每當我們有這種測驗，我的學生就會覺得很不自在，有些人甚至會很害怕、很焦慮，而他們實在不該有這種心情。他們應該快快樂樂來上學，知道無論教室裡發生什麼事，都是他們和老師之間的事，不應該由任何一個外人來決定。每一場考試對學生來說都應該要有道理，否則你等於是在告訴他們：來上學不是為了認識這個世界，而是為了在考試中寫出正確答案。依我之見，這是全天下最糟糕的一種教育方式了，但這種情況在全世界恐怕普遍得很。孩子們覺得很無趣，老師們也覺得很無趣。而『學習』之所以變得這麼無趣，原因就在於沒人知道自己為何而學。如此一來，學生之所以學習新知，只是因為他們必須準備考試，而且還是由某個外人來告訴師生該如何運用時間。這就扼殺了學習動機。更有甚者，孩子到頭來其實沒學到什麼，因為他們往往考完試就忘光了。人都是這樣的：如果在過程中沒有投入，事後很快就會忘記一切。」

海莉相信有很多其他的辦法能測出學生學到多少。只是叫他們坐在那裡寫選擇題是行不通的，出問題讓他們舉手回答也不是理想的做法。相形之下，海莉會給他們開放式的作業，他們要說明自己是如何得出答案，以及為什麼是這個答案。讓同學們一起解決問題和做報告能激起學習的動力，老師也能從中更了解學生的程度。學到一個階段，她也會給學生做有評分的測驗，讓學生比較彼此的成績，但她盡可能延後這麼做的時間。這也是丹麥傳統的一部分：老師要做的是養成學生獨立和批判思考的能力，而不是給學生考試和打分數。研究顯示，當老師和學生談分數時，學生記得的就只是分數，而不是自己該加強的地方。但如果學生沒有得到評分、只有得到評語，他們就更容易持續進步，而多數時候，海莉的學生得到的就只有評語。一旦到了打分數的時候，他們對自己的成績也不意外，因為他們已經很清楚自己的強項和弱項，以及自己相較於全班的程度。

「對我來說，學生學會獨立思考很重要，」海莉說，「我不要他們只是照我的指示做。我要他們自己提出問題、自己探究這一門學問。與其聽從我的指示，我寧可讓他們在真實世界裡，拿出自己的好奇心，研究對他們來說有意義的東西。」

＊　＊　＊

海莉要的是啟發學生。她會安排校外單車之旅，帶著學生騎腳踏車到處跑，來個半日校外數學課。他們會參觀遊艇俱樂部，測量水位和船隻的性能。他們也可能去網球俱樂部，計算網球的飛行弧線。當地童軍團在蓋新的小木屋時，他們班的學生測量了木板，畫出小木屋的藍圖。

就跟許多老師一樣，海莉設法讓科學成為學生看得見、摸得著、貼近日常生活的體驗。在回到教室上課之前，她要他們親眼見識到科學的世界。參觀完港口或網球俱樂部回來後，學生總有許多問題。在海莉眼裡，這就代表他們準備好要開始學習了。

「上科學課的時候，我有時會帶學生去參觀汙水處理廠。他們大可在書本上讀一堆相關資料，但除非親眼看到汙水、親身被惡臭熏得屏息，否則他們體會不到汙水處理廠實際的作用。對我來說，最重要的莫過於讓學生用感官去體驗自己正在學的東西。如果他們能在真實世界裡找到有共鳴的經驗，我知道他們留下的記憶就會深刻得多。全班有共同的經驗，對之後的討論也會有幫助。我可能會說：『你們還記得那次在港口，我們看到的那些箱子是怎麼從船上卸下來的嗎？』這些共同經驗成為學習的基礎。如果我問他們記不記得課本上說要怎麼測量箱子的尺寸，全班沒有一個人會記得。」

經驗共享也意味著互相交談。丹麥學生愛說話，老師也鼓勵學生說話，因為透過發言和討論，學生學會用自己的聲音表達自己的想法，而丹麥人認為這比考一百分更重要。

「『學習』發生在和別人討論的過程中，」海莉說，「只是坐在那裡看書或寫考卷，學到的並不多。如果不和別人討論，你就無法測試自己學到了多少。同樣的道理適用於科學和數學，也適用於語言——你或許背了成千上萬個英文單字，但除非開始在對話中用到這些字，否則你就不算真的學會了。在和別人的討論中，如果這些詞彙從來不曾派上用場，到了考試的時候，你也可能會用錯。大家一起出去，有了共同的經驗，這個經驗就會變成話題，而交談和討論就意味著你在學習。」

有一次，海莉請七年級的學生帶一個幾何形狀的東西到學校，像是牛奶盒、足球、捲筒衛生紙、面紙盒等等，什麼都可以。她把這些東西全部放進一個大紙箱，並將學生分成幾組。接下來，他們要準備一節速成課，教五年級的學弟妹如何測量幾何形狀。在學校的體育館，每一組學生分到一張桌子和一塊黑板，海莉給他們兩星期的時間準備，每一組自行決定要挑哪一個形狀來教。所以，較弱的學生可以挑比較好教的形狀；較強的學生則準備比較難教的課程內容，教五年級生如何測量較為複雜的形狀。

「接下來，我請五年級的老師務必妥善安排——他最優秀的學生要來見我最優秀的學生，學得很吃力的學生則到比較簡單的組別去。五年級生到各組上課二十分鐘，上完就換組，接著學複雜一點的形狀。組別輪替之間，最優秀的學長姊從最優秀的學弟妹教起，依序教到懂得越來越少的學弟妹。為了向不同程度的學弟妹講解，他們就必須發揮創意。反之亦然，懂得少的學生從這一組到下一組的過程中循序漸進，學到越來越多關於幾何形狀的知識。事後，我們花很多時間討論他們學到什麼。我們談到哪些部分教起來有困難、如果重來一次有沒有不同的做法。比起讓學生寫一份標準的幾何學選擇題考卷，用這種方式更能測出我的學生學到多少。藉由迫使他們彼此交流，並迫使他們向不會的人講解，我很容易就能看出他們對幾何學的認識有多深。對學生來說，這麼做也能帶來更大的動力。兩星期的備課期間，他們興致勃勃、全心投入，連下課時間也不放過，放學後還繼續努力。他們試著教給父母看，而且開始注意到周遭各式各樣的幾何形狀。和純粹的記誦截然不同，這種學習方式不只激起學生的好奇，就長期而言，學習的成效也好很多。」

* * *

海莉也有愛考試的學生，他們的動力來自考試和競爭。他們考得很好，有時還會請求海莉考更多試。有時候，班上其他同學在做別的事情，海莉就給這些學生考試。她說最重要的是讓學生保持學習動機，因為學生久而久之就會喪失動力。入學時，他們興致勃勃，但到了國中七年級，他們可能就開始提不起勁了。

如果考試能激勵他們，那就考吧！海莉會讓班上最優秀的學生彼此競爭，但其餘學生不用參與。在她數學課上的學生，有些成為科學博覽會中的競爭對手，其中兩位最近聯手贏得一項全國獎項。只要不影響班上其他同學，她就會支持他們做想做的事。這當中的平衡很微妙，需要技巧拿捏。

「我也有學生對數學真的沒輒，同樣的考試考再多遍，他們也學不到東西。老師要透過談話，讓他們了解現在在做什麼。他們需要把真實世界中的經驗套用到課堂上來，才能理解自己在學的東西。唯有跟這些學生聊過之後，我才摸得清楚他們的程度到哪裡。透過談話，你很快就會知道他們懂些什麼，又有什麼術語和詞彙是你必須向他們講解、示範，或跟他們一起練習的。我就算考他們幾百次，也看不出這些癥結所在。在開始做習題和做計算之前，我會先問問學習力較差的學生：知不知道我們接下來要做什麼？懂不懂我用的術語？數學不只是做一堆計算而已，它也關乎你對一道習題的閱讀理解力。它牽涉到語言的層面。我有些學生之所以解不開一道習題，只因有些細節他們讀不懂或誤解了。有時候，單單只是卡在一個字或一個用語上，學生甚至連開始解題都沒辦法。」

給學生考試和出題目時，海莉有一個大原則：每花一小時考試就必須伴隨四小時的討論。有些老師每週一早上給學生考一小時的試，這些考試的平均分數就是學生的年度期末成績。海莉頂多每個月給學生考試一次，但她會用剩下的時間和全班一起討論考試內容。考前一週，她會確保每個人都明白考卷上用到的術語。考完之後，她會將學生分組，同組的組員一起將試題重做一次。這麼做的目的不是要讓每位學生都考滿分，而是要找出並解決個別學生的不足，並讓他們比較和討論彼此的解題策略。她說：這是丹麥作風的考試法，我們的考試較少，切磋和討論較多；比起分數，我們更著重於對考試的分析。

「身為老師，我到目前為止最大的困難，在於設法讓課程符合每一位學生的需求。但這也是最有趣的部分。如果我覺得老師的工作就是幫學生準備考試，那我恐怕當不了三十年的老師吧。當老師最刺激的地方，在於了解學生的想法和行為，然後找出幫助和激勵每位學生繼續學習的辦法。否則隨便一個機器人都可以來做我的工作了。歸根結柢，我要做的就是確保學生終其一生都想繼續學習。他們要能訂下志向，並達成自己的目標。不是因為他們想要考滿分，而是因為他們真心想要做好一件有意義的事情。」

海莉・霍基亞的考試與評分小叮嚀：

一、少考試多討論。比起考試本身，在考前和考後跟孩子們討論，往往能讓你更了解他們的程度。

二、要確保學生明白為什麼必須考試。考試要跟他們在課堂上做的事情有關。

三、不要把分數看得太重。只有少數考試真的攸關未來的生涯發展，剩下的都只是練習而已。重要的不是考試結果而是學習過程。

阿納斯・伍戴（Anders Uldal）

52 歲，教學經驗 15 年

生物學碩士

在羅斯基勒（Roskilde）的三冠公學（Trekronerskolen）教英文和科學，出過兩本有關魚類的書籍。

第四章
放心說英文

三不五時，阿納斯・伍戴總會碰到不肯在班上開口說英文的學生。他任教於三冠公學國中部，擔任七到九年級的英文老師。三冠公學是羅斯基勒市附近一所很大的學校。

阿納斯教書十五年了，他很習慣和青少年打交道。他知道要叫他們參與課堂有多難。他知道他們滿腦子與課業無關的事情。他也知道他們有多怕在同學面前出糗。

說到學習像英文這樣的第二語言，他還知道棘手的部分通常不在於文法，或像「Worcestershire」[1]這種單字的正確發音，而在於讓學生開口交談。

「學英文無非就是累積字彙，並鼓起勇氣使用，」阿納斯說，「不管你已經學到多少英文，有自信地把它用出來就對了，接著再以此為基礎繼續下去。一旦開始說英文，你的字彙、發音和你對文法的語感都會進步神速。棘手的部分在於建立開口說的勇氣。開始用你不熟練的語言說話是需要勇氣的，但那真的是學英文的不二法門。」

就跟許多丹麥老師一樣，阿納斯不會給學生考一堆試或出一堆習作。相反的，他鼓勵學生把英文用出來、拿英文說著玩。能夠自在說英文比用字正確更重要。

在北歐國家，這是很典型的教學法。一年級的學生開始自己寫字時，老師鼓勵他們用所謂的「兒童拼寫法」，自然而然地把字拼出來*。老師不會糾正孩子的拼寫錯誤，而是稱讚孩子有勇氣開始寫字。他們相信孩子只要樂在其中又受到鼓勵，最終總能學會正確的寫法。

同樣的道理也適用於英文。阿納斯一開始不會糾正學生太多，讓他們覺得自在、鼓勵他們嘗試把英文用出來更重要。

「他們能夠越快在別人面前放開來說英文越好。學到一個階段，他們準備好了，老師就可以要求學生更講究結構和規則。但在剛開始幾年，我會建議老師只要增強學生的自信，並盡可能幫學生多累積字彙就好。不管是哪一門科目，信心都很重要，但英文尤其——特別當你是在和青少年打交道的時候。青少年總是很怕遭到嘲笑，即使這種情況很少發生。」

* * *

1 Worcestershire（伍斯特郡）為英格蘭之一郡，此字很容易被錯讀為〔wɔrˈsestəʃə〕，但正確發音應該是〔ˈwustəʃə〕。

* 譯註：此處牽涉到拼音文字之特性，丹麥語（或英語）只要會說，即可依發音自然而然將單字大致拼寫出來。

阿納斯對考試和分數不嚴格，但對他的學生如何對待彼此卻很嚴格。誰都不准嘲笑自己的同學。某位同學在說話的時候，全班都必須保持安靜和尊重。阿納斯說，他的初衷是要為學生創造一個安心摸索英文的空間，大家都不用擔心自己會被笑。

「孩子們應該要實際把英文用出來，而不只是死背硬記。老師必須幫他們打開說英文的開關。語言就像肌肉，想變得強壯就要常用。在來上我的課之前，我的學生都已經會一點英文了，鼓勵他們更常用則是我的職責所在。我認為世界各地的師長和大人都要相信孩子能夠自己做很多事情，而且做得比我們想的還要快。我們只需要啟發他們。我不要他們背下一定數量的字彙，或是通過某一項特定的考試。我要他們實際用英文來交流。我要他們自在地用英文聽說讀寫。不是在學校裡，而是在真實的世界中。我要他們能夠到國外旅行，即使英文不流利也有勇氣開口說，一直說到變得流利為止。」

其中一個鼓勵學生的辦法，就是讓他們決定在課堂上要聊什麼。阿納斯常常從當天的新聞開始聊起。星期一早上，他就聊聊週末發生的事件，並請學生發表意見。學生有時很難在全班面前開口用英文交談，所以分組討論會對他們有幫助。阿納斯會讓各組一邊用英文交談，一邊進行某種小組活動。重點一樣都在於讓學生開始用他們的「語言肌肉」。

「英文老師有許多現成的工具可用，電影、音樂、電腦遊戲都能用來吸引學生投入。我總是會設法掌握到他們的興趣是什麼，然後就從他們感興趣的主題開始。有時我也要著重在教學目標上，教他們考試必須要會的東西。但只要可以，我就會以他們的興趣為主。」

阿納斯可能會放一支示範影片給學生看，例如英國名廚傑米．奧利佛（Jamie Oliver）教做菜的影片。接著全班就討論一下影片中的不同元素，分析這支影片是如何組成的。最後阿納斯再讓他們分組，拍出自己的烹飪教學影片。

他也會用童話故事和奇幻小說來教英文。許多學生都很迷奇幻小說、漫畫書和電腦遊戲，阿納斯會請他們用英文聊存在於那個世界的人事物。有時候，他會請學生畫一條龍或別的奇幻生物，並描述給坐在隔壁的同學聽。聊自己很有心得的話題對學英文也有幫助。學生會覺得自己懂這個主題，聊起天來也因此更有趣。阿納斯常用這一招。在兩個對談的學生當中，或許其中一方對某個主題很熟悉，另一方則不然，他就會設法帶動雙方之間的對話。

在他出的英文作業中，一開始會有一個作業叫做「我爸媽是怎麼認識的」。學生要用英文訪問自己的父母，把訪問過程做成一支短片，到課堂上放給大家看。學生用「兩顆星星一個期許回饋法」給彼此評語，每一組針對訪談中做得好的地方給兩顆星星，並就需要改進的地方提出一個期許。

再來，阿納斯會出一份叫做「我的英雄」的作業，每位學生向全班介紹自己生命中很重要的一個人。學生一邊說，阿納斯一邊在黑板上寫下學生說到的關鍵字，以確保全班同學都學到這個字。

「孩子們自己就能想出一堆字。身為老師，你要給他們拿生字來發揮的空間。聽到生字從他們嘴裡冒出來是很令人振奮的一件事。某個學生帶來一個生字，其他學生就有樣學樣，跟著用了起來。字彙透過對話不斷累積和擴充。身為老師或父母，你最重要的工作就是鼓勵孩子多用英文交談，讓這個學習過程保持下去。」

針對年紀較長的學生，阿納斯也會教他們所謂的「商用英語」。他請學生扮演老闆、店員和顧客等角色，讓他們談買賣和投資。談話間，學生往往會自己把丹麥文翻譯成英文。他們也要畫圖表、做簡報給全班同學聽。阿納斯說，以青少年而言，用分組的方式在全班面前做報告對他們會有幫助。有些學生很怕一個人上台，但只要兩人一組或四人一組，他們就比較能自在暢談。年度期末考是用口頭報告的方式進行，但這通常不成問題，因為他們在學年間已經和同一組的朋友練習過了。

* * *

阿納斯教英文也教科技，有時他會把英文班和科技班的學生合在一起，請學生在做磁鐵實驗時說英文，生字就會開始從他們的對話中冒出來。學生同樣也是針對一個看得見、摸得著的東西，運用他們已有的字彙來討論。

阿納斯會請八年級學生製作「如何生營火」的示範影片。一開始，他先帶學生做字彙練習，確保每個人都知道最基本的單字，接著再到學校操場的營地去，討論如何把營火生好。阿納斯會就近觀看，確保大家繼續用英文交談，但除此之外，他就不會干涉太多。

「當他們以玩樂的態度實驗怎麼生營火，在愉快的氣氛之下，字彙自然而然就冒出來了。他們聽同組其他孩子說話，透過有關生營火的討論學到基本的單字。比起只是坐在課桌前，大家一起在真實世界中經歷一件事情、做出一件東西，相關字彙在他們腦海留下的印象會深刻得多。這就叫做『從做中學』（learning by doing）。在戶外一起從事某個活動，過程中練習用英文；在說外語的時候，心思專注在別的事情上——我認為這種做法為他們減輕了一些壓力。被迫在全班面前說英文時，他們往往比較緊張，而且只會做很簡短的回應。我站在白板前的時間越少越好，學生分組合作和討論的時間則是越多越好。如此一來，他們就更容易以從容不迫的態度面對外語。」

阿納斯說，以前的語言教學觀念是把學生看作一個空蕩蕩的容器，老師要把知識灌輸給他們，就像把汽油灌進汽車裡。老師說一遍，孩子們就跟著複誦一遍。現今，多數老師都體認到「對話」的學習效果。開啟學生之間的對話是更有效的教學法。對於不敢在全班面前開口說英文的學生來說，老派的問答式教學法可能造成很大的壓力。阿納斯說，青少年很敏感，如果你逼得太緊，他們就可能會把自己封閉起來。只要在課堂上有過一次惡劣的經驗，多年來努力為學生建立的自信便容易毀於一旦。

＊　＊　＊

阿納斯有時還是會出手寫作業給學生。多數學生覺得這些練習枯燥乏味、千篇一律，但也有些學生覺得安心自在、如魚得水。這些學生喜歡別人給他們清楚明確的指示。不過，阿納斯說，不管從手寫作業學到什麼，他們很快就會忘光光，不像對話和實作那樣令人印象深刻。

「我不認同『為考試而教』，而且我盡量不用選擇題來測驗學生，因為我看得出來筆試的效果沒有口試好。我想給學生的是長期的技能。當然，你還是得取得平衡，因為他們也需要通過以筆試來進行的測驗。再者，我的學生程度不一。有的孩子七年級英文就很流利，有的孩子連基礎英文都差強人意。這跟父母有很大的關係。如果他們的父母會英文、旅行經驗豐富，孩子往往學英文學得相對輕鬆。但即使學生程度不一，全班還是要一起上課。每個人都需要成就感。我有時會在黑板上畫一把梯子，向學生說明他們的程度。我說有些人已經爬到第二十階了，有些人則在第五階。我也告訴他們，我的工作不是要讓他們在考試前都達到第三十階，而是確保每個人都比一開始有進步。我告訴他們，同學間必須協助彼此一次一階往上爬。只要保持進步就很棒。」

阿納斯說：「確保讓每個孩子嘗試說英文，在嘗試中每天進步一點點，這才是關鍵。」

三冠公學有許多教育程度很高的家長，他們有時會要求老師更注重拼字和文法，阿納斯也要跟他們解釋為什麼他不這麼做。他會告訴這些家長，學習動機必須發自內心，不要太強調拼字與文法才不會嚇退孩子。

在九年級的全國英文筆試中，文法只占一小部分，絕大部分考的是聽力、閱讀和口語表達。隨著期末考接近，阿納斯會給學生更多測驗。他們要知道上高中之後怎麼應付筆試，而多數學生都會繼續念高中。

「幫學生準備考試對我來說也像一種考試。如果學生考不好，我也有責任。備考期間，你忍不住會想用填鴨的方式，出一堆選擇題叫學生背就對了。但你必須克制這種衝動。你要相信透過你所堅持的教學法，他們最終會學到的東西一定更多。我認為學生要從勝利中學習，而不是從挫敗中學習。身為師長，我們一定要盡可能多給孩子勝利的機會。這是激發學習動機和建立成就感的必備要素。小小的成就感就足以支撐他們走得長久，並讓他們更容易主動開口說英語。最糟糕的做法莫過於說他們不夠好，或拿他們跟班上較優秀的同學做比較。如果你為全班設下一樣的標準，就會有一大部分的學生都達不到標準，他們的學習動機便很快被打擊殆盡。挫折感會不斷累積，直到學習的意願消失無蹤為止。如果你鼓勵學生根據一樣的標準彼此競爭，只有一小部分學生會覺得達到了你的期待。到頭來，你只幫助了班上一成的同學，其餘九成學生都學得很氣餒。相較於彼此競爭，你應該要鼓勵學生協助彼此成長和進步。只要他們有進步，你這個老師就做得很好。他們不需要達到某個特定的目標。」

＊　＊　＊

不管阿納斯再怎麼努力，有些學生依舊會拒絕在課堂上說英語。即使是在兩人或四人小組當中，他們還是很怕出糗而不敢嘗試。阿納斯通常會讓他們跟自己在班上最要好的朋友一組，並讓他們到另一間教室去做會話練習，這樣他們就不用怕其他同學聽到自己犯錯。這種做法通常有幫助，學生漸漸就有自信在班上開口說英語。但如果這麼做也行不通，阿納斯有時會用課後私人授課的方式，帶他們突破障礙。

「根據我的經驗，最好是盡量讓他們待在自己的舒適圈，自在地累積字彙和練習口語會話。之後他們也要在全班面前站起來做報告，但唯有當他們準備好了，我才會叫他們這麼做。如果我太早逼他們在全班面前說英文，他們只會緊閉著嘴，什麼也不說。我親眼目睹過這種情況。之後要再說服他們跟上來就很困難了。如果學生對在全班面前開口不自在，有時我會跟他們談好條件——我會告訴他們上課上到什麼時候會問什麼問題，讓他們有時間把答案準備好。他們甚至有機會在我問問題之前先跟我練習答案。我不要學生懷著不安的心情，不知道自己什麼時候會在全班面前被叫起來，這只會讓他們嚇得不敢說話。每個人都應該覺得自己有時間做準備，並在同學面前毫無後顧之憂地站起來。無形之中，他們的自信就建立起來了，而整件事說到底就在於自信。」

阿納斯．伍戴的英語教學小叮嚀：

一、從貼近學生內心的東西下手。每個人都有想和朋友談論的偶像、電影或體育賽事。

二、大膽詢問他們的熱情所在。聊聊新聞或他們在看的電視節目。

三、表現出你對學生私底下是什麼樣的人有興趣。和他們坐下來聊週末是怎麼度過的。花時間多了解他們一點。讓學生看到你有興趣了解他們。

基姆・呂別克（Kim Lynbech）

48 歲，教學經驗 19 年

在歐登塞（Odense）的蘇滬斯公學（Søhusskolen）教社會科。2017年《政治日報》全國最佳教學法得主。

第五章
民主遊戲

基姆．呂別克在求學時期並不是一個很好的學生。他在一九七〇年代的丹麥鄉間長大，當時有些老師非常保守。他們期待學生安靜聽課，基姆卻很難做到這一點。他沒辦法專心，記不住老師教的東西，也受不了教室裡階級嚴明的師生關係。感覺就像老師活在跟學生不同的世界，他們不在乎基姆或基姆的同學們有什麼話要說。

許多年後，基姆自己當上了老師，他發誓一定要有不一樣的做法。他會讓學生有參與感，並且和學生平起平坐。他要當一個有威信的人，但不要當獨裁者。

當基姆開始教九年級的社會科時，他頓時發覺自己在教室裡重現了北歐的民主制度。他不只教學生認識民主，而且和學生一起體現民主。

如今，基姆最愛的教學法是玩桌遊。對，你沒看錯。基姆設計出數種教育性質的桌遊，用來教孩子理解民主制度是如何運作的，丹麥全國各地的學校都予以採用。這些桌遊也讓基姆在他自己的學校大受學生歡迎。歐登塞是丹麥第三大城，也是丹麥童話作家漢斯・克里斯汀・安徒生（Hans Christian Andersen）的出生地，基姆任教的蘇滬斯公學就位於這裡。

基姆的桌遊規模很大，有些占據整張餐桌，最多同時可以有七十個學生一起玩。其中一個桌遊是關於地方政治，玩家要分成八組，對應歐登塞市的八個政黨。大家丟骰子決定自己隸屬於哪個政黨，接下來就和其他政黨較勁，爭取政治上的影響力。遊戲最終的目的是要當上歐登塞市的市長。學生在大紙板上移動代表自己的棋子、回答問題、針對政治議題和其他政黨辯論，有時提出暫停，趁暫停時間和自己的組員商討對策。就像在真實人生中的政壇一樣，他們為了獲勝必須做出妥協，並和其他政黨結盟。過程中，學生不只學到公共預算的概念，還會激烈辯論如何使用納稅人的錢——某個政黨可能想舉辦免費的戶外演奏會，其他政黨則想把市容整頓一番。一場遊戲通常要花整整兩天的上學日，基姆會讓九年級的學生一年至少玩一次。

「當然，除了玩遊戲，我們也做很多別的事情；」基姆一邊將桌遊擺放在校園餐廳的長桌上，一邊說，「我也花很多時間教學生不同的政黨代表什麼，以及政治系統是如何運作的。但比起我教的主題，更重要的是我的教法。我不認為學生光是在學校上上課就能成為好公民。你也得為他們示範民主是什麼。你要把民主精神帶進教室裡。你必須透過管理校務的方式，把全校變成一個縮小版的民主社會。」

多數北歐學校或多或少都會做到這一點。在丹麥，公立學校叫做「Folkeskole」，字面意思就是「人民的學校」。這些學校旨在成為丹麥社會及其民主制度的模型，它們既是為了人民而存在，也受到人民的管理，意思就是學生應該被當成社會上的成年公民來對待。他們有身為公民的權利，並能期望獲得相應的對待。民主的血脈在北歐根深蒂固。在學校的每一道長廊上、每一間教室裡，老師都要重現校外社會的規範與法則。

＊　＊　＊

基姆．呂別克有時也歡迎來自國外的客座講師，尤其是來自亞洲的客人，但他有可能要花很大的功夫，向外賓解釋這套系統是如何運作的。他說，校園民主就從念小學的第一天開始，辦法很簡單，就是鼓勵孩子們彼此交談。從開始上學起，北歐的孩子就被鼓勵多多發言。老師會請他們彼此分享個人意見，每當有同學在發表意見時，則鼓勵其他同學靜下來專心聽。發言與聆聽需要花一點時間學習，小學教育的前幾年就以進行民主對話為中心。小學一、二年級時，多數丹麥老師會花幾百小時培養學生的課堂參與度，教學生輪流發言，並在別人發言時靜下來聽。老師會讓孩子們投票表決課堂上要做什麼，例如是要到教室外、還是留在教室裡，是要讀這本書、還是讀別本書。

「仔細想想就知道，公民對話真的是民主的基礎，」基姆說，「關鍵在於讓孩子學到每個人都有權發表意見，每個人也都要尊重彼此的意見。當然，這對六歲學童來說很困難，光是讓他們坐好聽同學講話就得費一番功夫。要能讓學生闡述同學說了什麼、他想表達的感覺是什麼、為什麼有這種感覺，甚至要花更大的功夫。『站在別人的立場想』聽起來簡單，卻是學習的一大重點。因為你真正學習的是對他人的同理心，以及如何在社會上當一個好公民。」

如同其他丹麥學童，蘇滬斯公學的學生很快就明白自己能夠影響課堂上發生的事。身為民主學校的公民，他們擁有一定的權力。一年級可能會上一門叫做「世界動物」的課，老師會問學生想學哪一種動物、為什麼想學，學生可能要在老虎和大象之間投票，票數少的必須接受多數人的決定。一樣的做法也適用於當週要讀哪些書、要從事哪一種體育活動，乃至於校外教學要去哪裡，事事皆由全班投票表決，人人都要懂得尊重結果。

在多數丹麥學校，學生也輪流負責掃地、午休前從校園餐廳搬牛奶到教室等雜務，這也是由民主的方式決定。每個人都要做好份內的事，老師也鼓勵學生討論是否每個人都幫了忙。

「只是一些小事而已，但卻能使孩子們負責任、做決定，並學習接受個人的選擇帶來的結果；」基姆說，「學生隨著時間進步，我們也逐步賦予學生越來越多的責任。學生持續參與決策，做出影響周遭世界的決定。他們漸漸就習慣成為民主系統的一分子。在這個系統中，他們的意見是有分量的。身為老師，我盡可能袖手旁觀，讓民主的程序自行運作。我會建議他們可以怎麼做，但不會逼他們做不想做的事。例如年度運動會那天，我可能會提議嘗試像是棒球之類的新運動——在丹麥，棒球相對鮮為人知。但最終的決定取決於孩子們。」

「學期當中也會有幾天，我們讓學生挑選一整天要進行的所有活動。每位九年級生都有一週要完成一份主題自選的報告。老師請他們自己想一個需要解決的問題，接著再用他們自己選擇的方式去解決這個問題。到了那一週的尾聲，他們也可以自行決定要交文字報告、影片報告，或其他形式的成品。歸根結柢，這一切要學的都是同一件事，那就是『能夠自己做決定並承擔後果』。」

基姆說這件事很重要的原因有很多。能夠自己做決定有助於孩子們更獨立、更負責。這麼做不只賦予孩子權力，也為他們將來長大成人、成為社會上的公民做準備。

「每個人遲早都要為自己的人生做決定，所以還不如早點習慣這件事。以前的學生畢業時的選擇可能不多，但今日的學生要做的決定可多了。你仔細想想，年輕人的選擇多到爆炸：要接受哪一種教育？專攻什麼？最終想從事哪一行？在今日，學會做決定對成功而言是那麼重要。你必須學會做正確的選擇、掌握自己的人生，但你也得明白偶然選錯了一次沒有關係。做錯決定不代表世界末日。每個人都會做出不好的選擇，即便如此還是有可能克服問題繼續前進。重點在於開始實際做出這些決定並掌握自己的命運。否則，當你面臨人生的重大抉擇時就可能不知所措。真正嚇人的事情，是你在二十二歲醒來，發現你從未自己做過任何一個決定。如果只是遵照學校、父母或文化為你鋪好的路去走，你總有一天會走得很勉強。每個人早晚都要學會獨立及掌握自己的人生，所以我們還不如早點開始。」

＊＊＊

上學之所以不只是為了學政治、算術、英文等科目，這也是另一個原因。基姆對此充滿熱忱。學校是社會的一部分，理應反映社會上的規則與運作模式，尤其是以基姆開始帶學生玩桌遊的高年級來說。

「帶低年級的學童，我的教學重點在於讓他們彼此傾聽、互相尊重——設法為他們示範什麼行為是可接受的，什麼又是不可接受的。你要試著營造人人都覺得受到歡迎、每個人都知道自己的聲音會受到傾聽的氣氛。然而，在較高的年級，我會開始為學生呈現校外世界的複雜問題和兩難習題。到了國中七年級的階段，他們已經很熟悉討論和陳述論點，所以是時候拓展他們的視野了。我會在此時開始提出道德上的兩難和現實世界的議題，請學生以民主的方式辯論及解決問題。身為老師，我的角色一樣是要對各種提議和意見保持開放的態度。當學生越過民主對話的無形界線，或當他們口出惡言、沒有建設性、提出不合法的解決方案時，我則要讓他們知道這樣不行。規矩是老師訂下的，但我扮演的主要是一個嚮導的角色，而不是權威的角色。有時，我要確保文靜內向的學生也有發言的機會。我盡力營造一個人人都能參與的環境，有時這代表我必須請較為自信外向的孩子收斂一點。與其把班級一分為二，我寧可讓每個人都參與進來。每位學生都要知道自己的聲音很重要。如果把一個班級分成兩種等級的學生，孩子就學不會傾聽和同理。」

同樣的，有些北歐家長對此頗有怨言。他們擔心這種柔性的教學法會拖住孩子的腳步，迫使天分較高的學生老是必須等較弱的學生跟上。

「有時我必須向父母解釋我們學校是公立學校，意思就是人民的學校。如有父母希望我讓他們的孩子在課業上表現得更好，我都跟他們說我會為每個孩子竭盡全力，但前提是以班級和團體為重。我不能讓特定的孩子成為關注的焦點，無論這孩子的父母是不是某家大企業的執行長。如果他們想看自己的孩子出風頭，那他們得到足球場或別的地方去，因為在教室裡，全班都是栽培的重心。」

多數丹麥家長都能尊重這一點。一旦把孩子送進學校，他們的孩子就成為一個大團體的一分子，跟別的孩子一視同仁。但基姆說，也有些父母需要時間適應這一點。

「校外教學時，小一生可能要投票選冰淇淋或汽水。同樣的，這也是民主訓練的一部分。如果班上多數人都投了冰淇淋，嗯哼，那就全班都吃冰淇淋。有些孩子可能會不高興，因為他們想喝汽水，但他們很快就不再抱怨。他們學會體諒他人和尊重多數決。沒人得到特殊待遇。我認為特殊待遇不會有任何好結果。如果你一直以來都受到特殊待遇，那你成長的壓力會很大。我的目標是讓學生到了九年級畢業時擁有很強的學習力和自信。我要他們帶著求知慾、助人的熱情和為自己做主的能力畢業。」

基姆從另一組他常和八年級生玩的桌遊中抽出一疊卡片。這組桌遊是關於年輕人在社會上的權利。學生分組輪流讀出卡片上的內容，接著就討論他們是否認同。辯論的議題從酒精到安樂死不等，遊戲過程往往會引發熱烈的激辯。第一輪過後，各組彼此辯論他們意見相左的議題。基姆讀出其中一張卡片的內容：「如果你在言辭上冒犯了別人的宗教信仰，你就該喪失公開發言的權利。」他把卡片放下，「好，接下來各組開始針對這個議題展開辯論。如果你的言行舉止冒犯到別人，是否就該喪失某些權利？這些權利是可以喪失的嗎？」

他抽出另一張卡片：「沒受過教育的人就沒有在全國選舉中投票的權利。」也有一些卡片是關於死刑和其他棘手的問題。

「這是開啟民主辯論的好辦法，相對於只是閱讀相關議題，玩個簡單的遊戲、決定你是否認同，無形中就讓這個議題變得更有真實感。學生透過這種方式將他們的知識實際運用在民主的脈絡中。再者，這麼做也好玩得多。」

學生玩他設計的桌遊時，基姆往往退居幕後，只是偶爾指正他們講話的語氣，或提醒他們遊戲的規則，但他的角色和兒時教他的那些保守派老師截然不同了。

「玩這些桌遊時，我最重要的工作就是不斷跟他們說『很好！』或『你有權發表自己的意見』、『我們想聽聽你的想法』、『發出你的聲音很重要！』。我的學生不該擔心彼此意見不合。他們不必符合特定的框框。如果你問我，我會說丹麥學校有一件事真的做得很好，那就是培養出善於協調和合作的成年人。念到九年級畢業的丹麥學生會很善於彼此傾聽、互相合作。他們的老師以身作則，不只樂於傾聽學生的意見，也引導學生形成更多自己的意見。在這樣的耳濡目染之下，學生會效法老師的做法，並學會如何幫助旁人。北歐人是出了名地能夠和來自世界各地的人合作，並在必要時做出讓步。這是學校教育教給我們的。基本的知識很重要，但坦白說，多數成年人根本不記得八、九年級時學過什麼。人腦就是這樣，我們往往不記得課本上的知識，但我們學到的技能永遠都會留在身上。與人相處及應對進退的技巧，我們終其一生都會帶著走。」

＊＊＊

基姆也設計了一款將班級和校園民主連結起來的桌遊。在丹麥的多數學校，學生都能參與校務的管理，並有權對預算怎麼花表達意見。如同其他公立學校，蘇滬斯公學有一個成員涵蓋一到九年級生的學生會[1]。事實上，學生會總共有兩個，一個是由一到五年級的學弟妹組成，一個是由六到九年級的學長姊組成，尤其是後者向來有定期開會的傳統，在校務管理上扮演重要的角色。

基姆最新設計的桌遊，靈感便來自學生會的運作。每年在選出新一屆學生會成員的前一天，基姆就會召集國中部的學長姊來玩這款桌遊。他們總是在星期二

1 根據丹麥校園法規，任何一所有五個年級以上的學校皆應成立學生會，每年由學生直接投票選出學生會代表。每個班級都有幾名學生自願，接著再由全班從自願者中票選一名代表。組成學生會之後，代表們再投票選出會長。擔任會長的通常是學長姊。

聚集起來，花一整天去玩。

「這款桌遊讓學生會的工作顯得更有趣，也讓每個人看到參加學生會不是鬧著玩的。」基姆一邊說，一邊又在校園餐廳的長桌上展開一大張桌遊紙。「玩這款桌遊讓每個人都能對學生會的運作有個概念，像是學生會有什麼力量，它又能如何發揮影響力改變校務。學校裡總有那種參加學生會只為了可以翹課的學生，因為去學生會開定期會議是上課缺席的正當理由。我自己在念書的時候可能也會做這種事。但只要玩過這款桌遊，他們就會明白翹課不是加入學生會的好理由。」

基姆從學生會桌遊中抽出一張所謂的「兩難卡」，唸出卡片上的內容：「麥特同學討厭上課。他在課堂上沒有貢獻，還跟老師吵架。票選學生會代表的時候到了，麥特是唯一一個自願者。他之所以自告奮勇只因不想上課。這樣好嗎？」

這款桌遊有十道兩難題，每位學生會成員都要準備作答。這是另一個教學生民主如何運作的方式，同時也為他們挑選學生會代表的實際民主過程做好準備。

「我不想告訴他們什麼是對的、什麼是錯的，」基姆說，「但在討論這款桌遊的兩難題之時，他們會得出自己的結論，明白到只因不想上課就加入學生會不是個好主意，或體認到每年都選同樣的人當代表恐怕不是明智之舉，又或者了解到不該只因某個人很受歡迎就投票給他。當然，我不會對他們的心得感想下指導棋，他們得靠自己思考。玩過這款桌遊的第二天，我們就舉行真正的學生會選舉投票程序。到了這時，他們已經知道要認真看待這整個過程了。」

這款桌遊本身玩起來很刺激。各組玩家要針對禁菸、校園餐廳的菜單、在校內使用手機等校規相關議題提出看法。在向別組提出自己那組的看法之前，各組內部要先討論幾分鐘。整場玩下來，最後的結果完全取決於玩家自己。無論結果是什麼，都是他們一起得出來的結論。

遊戲過程中，玩家不斷面臨新的挑戰：研究顯示教室裡有太多噪音了，學生會要如何解決這個問題？校長要製作一份招生檔案，向未來可能入學的學生介紹學校，檔案中應該要有哪些內容？各組也要做一支短片，呈現二〇三〇年的學校會是什麼樣子，並想出五分鐘的「課內趣味活動」，確保同學們在課堂上有機會活動活動筋骨。

「每次挑戰過後，我們都會討論在真實世界中要從何下手處理這些問題。我們的建議要提交到哪裡？可用的正確管道是什麼？玩桌遊有時會催生出很棒的點子，學生也學會將自己的建議提交給校務管理單位，並在下次開會時報告結果。」

＊　＊　＊

學生會定期向校方提出改善的建議，對學校的運作參與度很高。在蘇滬斯公學，高年級的學生會有自己的辦公室，他們可以自己關起門來開會，沒有老師在場。他們也定期問候低年級的學生會，聽聽學弟妹的意見。

每年每個班級都會選出一位新的學生會代表。學生會則選出兩位學生當主席，主席在學校的董事會上代表學生。除了兩位學生主席，董事會其他的成員是父母師長及地方上的公僕。董事會有權開除校長，換言之，就像在任何一個有效的民主政體當中，學生有實權可決定學校由誰來管理。在丹麥，許多政治人物從十一、二歲起就在學生會展開政治生涯了。

「學生會的存在是為了解決特定的問題，」基姆說，「他們找出需要改善的地方和需要解決的問題。他們沒有經費，所以必須發揮創意。如果有很多經費，要想出解決的辦法就很容易，但公立學校的經費通常不多。學生會的首要前提就是：只提出切實可行的建議。要有創意，但也要腳踏實地。學生學到他們有可以參與和發揮影響力的空間，而他們必須在這個空間裡竭盡所能。這整件事都代表著民主的精神。」

學生會有許多學生可以加入的附屬委員會，其中一個是針對垃圾處理和永續發展提出建議的環境委員會，另一個則是與地方上的公司行號合作的委員會，還有一個是「福祉委員會」，專門提出像是反霸凌運動之類的倡議活動。在基姆設計的桌遊中，學生也要想出新的委員會。不斷成長的學生會及委員會組織，意味著學生在學校就能學到專案管理是什麼意思，以及如何在他們的委員會中發揮真正的影響力。

這也意味著蘇滬斯公學常常成為學生運動的場景。營養委員會的學生每個月和校園餐廳的職員開會一次，討論菜單上的內容。學生有時會發起引進新品項的運動，國中部的學生最近就發起巧克力牛奶回歸運動。孩子們自己做了海報，上面寫著：「可可奶重回校園菜單！」並將海報張貼在走廊和校長室外面。最終，巧克力牛奶真的重新出現在菜單上了。

學校周邊的鄰居投訴說學生亂丟垃圾時，環境委員會就跟市政府聯絡，安排設置垃圾桶。基姆也是音樂老師，有時他會建議學生寫抗議歌曲，喚醒大眾對某個議題的注意。當一項校園改革法案增加了上學日的時數時，基姆班上的一群女同學就寫了一首歌，抗議這條法案，並到歐登塞市中心的市政廳演唱這首歌。

「一切都由學生自己完成，」基姆說，「我只針對可以如何處理問題提出建議，並協助他們把想法化為文字。但寄 e-mail、向有關單位提案的都是他們，而且往往成效斐然。」

當然，老師有時也得介入。例如有一次，某位老師和學生爆發口角，導致學生張貼不雅海報予以反擊，有些海報內容真的太離譜了。

「但即使發生這種情況，學生還是可以從中學到民主是如何運作的，」基姆說，「這些海報迫使我們向學生解釋為什麼必須把海報撕掉。我們必須說明海報上的用語和選圖為什麼有欠妥當。接下來，我們也要指導他們製作新的海報。我會請他們想想可以用什麼民主的方式來表達心聲。師生之間難免摩擦，但就如同在任何一個民主政體中，雙方都有申辯的權利，雙方都能為自己說話。」

有時，學生甚至會向校方抗爭。二〇一五年，學生反映說水龍頭流出來的水太熱了，尤其是在夏天，並提議購置一種專門的冷卻系統，但被學校的管理單位否決了，理由是以學校的預算買不起。但學生很堅持，並開始做研究來支持自己的提案。一群九年級生帶頭測量水龍頭的水溫，並計時看看熱水要過多久才會冷卻。他們估算了每年有多少水是因為不良的冷卻系統浪費掉的，並推算投資一組冷卻系統要花多久可以回本。儘管如此，校方還是回絕了。接下來，學生提議辦跳蚤市集，為購置冷卻系統籌錢，並問校長和董事會如果跳蚤市場的收入能負擔一半費用，那麼校方可否負擔另一半費用？最終，校方同意了。學生如果能籌到這套冷卻系統一半的費用，學校就會補足另外一半。

接下來，學生製作傳單發給當地人，請他們把可以捐給跳蚤市集的物品放在家門口，學生再推著推車去收。那是蘇滬斯公學有史以來最盛大的一場跳蚤市集，但所得還是略低於冷卻系統所需的金額，他們希望學校董事會能通融一下，但董事會卻不給他們商量的餘地。學生很受挫，他們覺得校方不守信用，但他們跟校方的約定未曾以白紙黑字寫下來。苦惱之際，基姆問他們可以用什麼方式向董事會表達他們的感受，一位九年級生提議採取杯葛行動，讓校方知道學生會從現在起不會再跟他們合作了。

學生找到董事會成員的地址，包括全體父母師長和地方公僕，並騎著腳踏車，跑遍歐登塞市，將手寫的陳情書投入他們的信箱。信上說學生會認為無法再信任學校董事會的成員，兩小時後，董事會全體成員就都到學校集合了。他們表達了歉意。幾週過後，冷卻系統便安裝好了。

「九年級生率先發難，但許多人跟著加入了這場運動，」基姆說，「他們覺得受到不公平的對待，並為了捍衛自己挺身而出。整個過程都相當民主。負責主導這場運動的學生，很可能終其一生都會記得這段經歷。」

基姆．呂別克的民主教學小叮嚀：

一、讓孩子看到學校是民主社會的一部分。容許他們對自己的校園生活和學校的運作方式發揮影響力。

二、讓他們明白對話是民主的基石。給孩子時間與空間討論攸關自身日常生活的課題。讓他們知道自己的論點是否站得住腳，又是否越界了。

三、教導孩子他們在這個社會上有什麼權利和義務。從學校、社區、地區、國家到全世界，當學生對發生在他們周遭的事情感興趣時，你就知道自己成功了。

梅蒂・皮達森（Mette Petersen）

47 歲，教學經驗 20 年

現於哥本哈根北部的黎立凡公學（Lillevang Skole）國中部教丹麥語。《政治日報》2017 年全國最佳小學教師獎得主。

第六章
老師・母親・朋友

「你還好嗎？」

「有沒有什麼煩惱呀？」

「怎麼樣能讓你好過一點呢？」

這是梅蒂・皮達森反覆在問學生的三個問題。她雖然是一位老師，但就像其他成天與青少年為伍的老師一樣，她說自己也是一位心理師兼人生導師。

在哥本哈根北部的黎立凡公學國中部，皮達森被暱稱為「梅蒂媽媽」。在丹麥有所謂的「班導師」，和學生建立密切關係是班導的重要工作。班導師是一個班級主要的老師，她不只要授課，更要注意學生的身心狀況。這對荷爾蒙旺盛、教室動態千變萬化的青少年來說尤其重要。當有些學生對學習失去了興趣，或是和家人、朋友有衝突，這時，「梅蒂媽媽」就上場了。她會把學生拉到一旁，問這三個問題。有時，她的反應要夠快。苦惱的青少年若是沒有及時得到幫助，不只影響課業表現，還可能對心理健康造成長久的影響。有些學生對自己失去信心，就要花好幾年才能重拾自信。

如同丹麥多數的班導師，皮達森都會固定和學生談心，以求防患於未然。她和學生一對一聊課業以外的任何事情。學生若是碰上了麻煩，皮達森不只安排每週一次的會談時間，也會約見他們的父母。每星期還有一次四十五分鐘的全班談心時間。許多北歐學校都這麼做。老師會和學生聊聊那星期發生的事情，確保每個人都從中得到一點體會。每逢談心時間，皮達森都會鼓勵每位學生和全班分享自己的想法與感受。

「我相信當好班導師的關鍵在於了解這些孩子，」皮達森在教職員休息室邊喝咖啡邊說，「我的意思是『真正』的了解。我想知道他們是什麼樣的人、他們的校外生活面臨什麼狀況。我不只想當他們的老師，也想參與他們的生活。我不想當一個只是在上課鐘響時走進教室、課講完了就離開教室的人。我想和學生建立個別關係——不只因為我想確保他們的健康快樂，也因為密切的師生關係對我的教學有幫助。」

＊＊＊

學生如果有什麼困難，皮達森只有一個目標：確保他們每天早上繼續來上學。學生要是開始翹課，沒生病卻打來請病假，通常都會每況愈下。她說，這就是為什麼每週一次的談心時間很重要。當你每週盤點全班的身心狀況，要在問題惡化前即時處理就容易得多。當皮達森在每週談心時間聊起學生之間的衝突或其他問題，無形中也在讓學生知道教室是一個安全的空間。教室是解決問題的地方，而不是導致問題惡化的地方。她希望學生明白無論面臨什麼問題，解決的辦法都不是翹課，而是每天繼續來上課。即使成績不好，他們還是有許多繼續來上學的理由。

「不只成績好的學生，所有學生每天早上都應該高高興興來上學，」皮達森說，「教室應該是一個人人都受到接納的地方。這可能是在丹麥當一個班導師最重要的任務了——嗯，事實上，這是在丹麥當任何一種老師最重要的任務。每個學校都有處理不完的問題。孩子們互找彼此麻煩、覺得壓力很大，或有情緒困擾。我不能替他們解決所有的問題，但我至少能讓學生在學校時感覺受到關愛與接納。一切盡在於打好師生關係，讓學生看到你有多關心他們。當然，我關心他們學到多少東西，但我也關心他們的健康快樂和個人發展。每一份人際關係各不相同，但對我來說，和班上每位同學都建立起個別關係是很重要的事。人際互動上，他們在這裡要覺得像在家裡一樣自在。父母也很感激我花時間和他們的孩子談心。」

當丹麥老師談到自己的工作，他們不太用會「教」這個字。他們常說學生主要是靠自己學習，他們只是從旁「引導」或「輔導」。國中階段尤其如此，此時學生進入青春期，開始面臨長大成人的掙扎，老師扮演的往往是顧問或密友的角色。有些老師要費一番工夫才做得到，因為這代表他們得向學生袒露自己的內心。如果要學生對老師敞開心扉分享私生活，那麼老師自己也要這麼做才行。

「我聊很多自己的事情，」皮達森說，「我聊我的家人、丈夫和孩子。聊我們閒暇時做些什麼。學生知道我是什麼樣的人、我的價值觀是什麼，也知道我先生是做哪一行的、我的孩子幾歲、他們放學後都做些什麼。我兒子正值青春期，所以每當我聊到他的時候，青春期的學生就覺得很有共鳴。我要是說我兒子的不是，學生就會說：『你聽起來跟我老媽一樣！』但跟學生聊我私底下的生活對師生關係有幫助。我對他們推心置腹，他們也對我推心置腹。我總告訴學生，我的大門永遠為他們敞開，他們有什麼事都能來找我——不管是心碎了，還是跟父母吵架了。讓學生知道我有興趣了解他們的事情，他們就會覺得受到關注和重視。每個青少年內心都想受到注意，即使他們沒有說出口。」

當然，皮達森說，師生之間的親近是有限度的。學生不該跟老師好到沒大沒小的地步。你可以當他們的朋友，但你首先應該當他們的老師。說到底，學生還是必須遵守你訂下的規矩。但皮達森寧可跟學生感情太好，也不願跟他們拉開距離。

緊密的師生關係連帶創造出良好的學習環境。皮達森班上的學生課業成績優異。她相信和學生談心改善了全體的課業表現。

「若是在班上覺得不安全、沒自信，孩子們就很難學到東西；」皮達森說，「和他們個別相處的時間是我對學習效果的一種投資。師生感情好，學生就比較不會跟你作對。他們知道我關心他們、我把他們放在心上。當學生在班上覺得安心自在，他們也會比較願意冒險，勇於發問，不怕出糗。多數老師要的就是這個——學生在課堂上有參與感、有創意、不怕發言。讓他們看到你欣賞他們、有興趣了解他們的想法和感受，無形中也是在傳達你有興趣看見他們不同的一面。你不只想看到他們做算術或背課文，也想知道他們其他方面的才華。孩子們天資各異。我班上有個男孩課業不佳，但他是運動好手，我鼓勵他發揮體育長才。學生應該要能展現出自己的天賦，即使他們似乎對你教的那一科不開竅。有些學生可能愛唱歌或能言善道，我認為老師應該盡量讓他們在班上表現自己。孩子們會覺得自己可以貢獻一己所長，無形中就建立起他們的自信心和自我價值感。他們或許分數不是最高或考得不是最好，但他們還是會有成就感。這份成就感給了他們目標，也改善了班上的氣氛。沒有一個學生應該覺得自己在學校整天受到忽視。為了提醒他們每個人都是團體的一分子、每個人都必須有參與感，有時我會站在教室門口，每位學生進教室前都要跟我握個手或抱一下。我常常擁抱學生。至少他們有多願意讓我抱，我就多常抱他們。」

＊　＊　＊

多數丹麥學校要到國中結束才會發成績單，其中一個理由是為了避免班上學生產生高下之分。但就算沒有成績單，學生對於誰在哪一科最優秀心知肚明，從數學到籃球皆然。皮達森說這倒無妨，孩子們應該要彼此競爭，但良性競爭和惡性競爭有著天壤之別。惡性競爭只對最優秀的學生有好處，良性競爭則能推動並幫助全班一起進步。

「如果你一開始就創造出健康的社交環境，班上只會有良性競爭；」皮達森說，「如果每個人都覺得有責任為全班好，那麼好學生就可以成為其他人的榜樣。我們不會公布班上誰分數高。身為老師，我的工作不是要提醒學生誰哪一科比較好或比較差。但我會請學生幫彼此改作業，讓比較強的學生去教比較弱的學生。這種做法能讓他們明白做不好沒關係，你可以開口求助。當學生互相幫忙的時候，我總是不忘稱讚他們，有時我卯起來用讚美淹沒他們。我會對他們說『我們都在同一個班上，豈不是太幸運了嗎？』、『在一個有這麼多優秀同學的班上，大家都試著互相幫忙、彼此鼓勵，豈不是我們的福氣？』、『怎麼會這樣？你們是全世界最棒的一班吧！』之類的話。」

密切的師生關係也讓皮達森了解到學生在校外的動態，並得知他們在發展哪些才能。這位學生可能玩起某種新的體育活動來了，那位學生可能去一個有趣的國家度假了。皮達森會嘗試將學生的個人經驗用在課堂上。

「下星期，我的學生要做一份精神疾病相關的專題企畫，並在全班同學面前報告。所以，我建議練體操的男同學和愛跳舞的女同學把他們的專長用在報告上。基於他們的特長，我要他們朝肢體表現的方向做這份報告。當然，不只是舞蹈表演或體操表演，而是要跟主題有關。或許他們能以精神疾病為題寫一首詩，或編一支現代舞。要怎麼發揮一己所長端看學生自己決定。我的教學有很大一部分是順著學生的興趣，鼓勵他們表現自己。我班上有個很會唱歌的女同學，我們在做兒童權利相關的專題企畫時，她寫了一首歌、錄了音，並在全班面前演唱。對於課業上不是全班前十名的學生來說，諸如此類的學習經驗尤其重要。他們從中體認到自己有其他擅長的領域。他們不該只因不是班上成績頂尖的孩子就受到忽視。我覺得老師和家長有時都忘了這件事。孩子們應該時時感覺到自己對老師、班級、家人和社會來說很重要。通往美好人生有很多條路可走。事實上，這是我能教給學生最重要的一課了。」

雖然對某些父母來說，這是不夠的。望子成龍、望女成鳳的北歐父母和鼓勵孩子探索天賦、另闢蹊徑的老師有時會有衝突。把孩子送去念丹麥的公立學校，就意味著你喪失了一部分身為家長的影響力。你必須相信老師的出發點是為孩子好，你也必須相信北歐式的教學法。與其揠苗助長，北歐式的教學法寧可讓孩子依自己的步調發展他們的才能。

「我對每一位學生都有很大的期許，」皮達森說，「我對他們的要求很多。我不會損害他們的受教權。我要他們帶著用功的好習慣和對這世界的廣泛認識升上高中，但有自信和自我價值感更重要。只要他們先有信心，就能接著豁然開朗。我跟所有的學生說我對他們寄予厚望，他們應該以最高的標準要求自己。未來他們各有各的路要走，但不管走哪條路都該竭盡全力。有些學生或許分數不高，但拿低分不是世界末日，最重要的是不要對自己失去信心。」

* * *

當然，皮達森那一套不見得總是管用。即使有私下對談加上全班一起的談心時間，皮達森還是會碰到就是不想上學的青少年。

「不願努力的孩子有時讓我很頭痛。我知道我的許多同事都有一樣的困擾。這可能和北歐人養育孩子的方式有關。許多孩子從小就被灌輸命運是由自己選擇、隨心所欲想做什麼都可以的觀念。相較於多數國家的孩子，北歐的孩子在成長過程中極為獨立。但這對老師來說卻可能是很大的挑戰，因為你要向學生表明你對他們的期許。我有一個七年級的學生，每天來學校就是癱坐在教室後面的椅子上，毫不參與課程。面對這位學生，我盡量只要求一些小地方，例如上課不能遲到、坐下之前要先把外套脫掉之類的。此外，無論他懶散的態度多令我心煩，我一定還是會表現出我對他的喜愛。我不讓自己對他有情緒，因為他立刻就會察覺到；如此一來，他甚至更不想參與課堂了。我必須先讓他喜歡我。他或許會說我太嚴格了——沒關係，我就當這是一種讚美。但他必須體會到我一心為他好，我內心深處認為他是一個很棒的孩子。所以，有時候，當學生埋頭做功課，我在教室裡巡來巡去，經過他身邊的時候，我會悄悄拉一下他的外套，暗示他把外套脫掉。或者，我會輕輕拍他的背，暗示他坐直。我不想在全班面前給他難看，所以我都悄悄這麼做。他不會口出惡言、頂撞師長之類的，他只是失去學習動機而已。」

學習動機一旦喪失就很難找回來，但了解一下青少年的狀況還是會有幫助。在和這位癱坐在教室後面的青少年一對一聊過之後，皮達森了解到他迷上了電腦遊戲，就像許多這個年紀的男孩一樣。

「所以，我叫他每天都帶他的電腦來學校。我跟他說：『把你的書包整理一下，帶你的電腦來上學，我們來為下一份作業設計程式。』有時候，你必須找出他們有興趣的事情。一旦找到了，你通常就會在他們眼裡重新看到光芒。」

梅蒂・皮達森的關心學生小叮嚀：

一、每星期安排談心時間，父母也可以這麼做。問孩子大致上的感覺怎麼樣、日常生活中有沒有任何想改變的地方。

二、確保學生的團體認同感，他們應該時時謹記自己是團體的一分子。有個簡單的辦法可以提醒他們這件事，那就是讓他們每天早上互相打招呼。

三、適才適性，盡可能讓學生在學校發揮一己所長。如果只重視課業表現，班上就有被你劃分成優等生和低等生的危險。

彼得・庫格（Peter Krogh）

41 歲，教學經驗 11 年

哥本哈根大學教育社會學碩士

在哥本哈根的湖畔公學（Skolen ved Søerne）教數學、德文、社會和體育，曾任高中生涯顧問。

第七章
休個學，也不賴？

許多丹麥學生高中畢業後都會暫停求學一段時間。他們或者找份工作，或者出國旅遊，同時一面思考下一步。父母通常很鼓勵孩子這麼做。他們相信工作和旅遊的經驗有助人格養成，並為接下來的大學生活做好準備。在丹麥，這段時間被稱之為「放大假」、「閒遊年」，甚或「耍廢年」。許多丹麥學生會在完成高中教育後給自己一、兩年這樣的時間。

彼得・庫格給了自己六年。他去服了兵役*，服役期間，他以為自己接下來會

* 譯註：承襲自維京時代的傳統，丹麥十八歲以上健康男子皆有服兵役的義務，役期一般為四個月，少數兵種（例如驃騎兵）須服八到十二個月的兵役。

攻讀經濟學位，因為他數學向來很好，也想在經濟相關領域謀職。後來他就念了哥本哈根大學的經濟系，但卻很難專注在學業上。庫格一直是一個愛交朋友的人，但他系上的同學成天埋首苦讀。經濟系一年級的課業格外繁重，同學間似乎總是三句話不離考試。庫格覺得自己好像永遠也別想交到朋友。他念了一學期就不念了。

接下來，庫格試過各式各樣的工作，存夠了錢就到東南亞各地旅行。回國後，他錄取了哥本哈根一所學校的代課老師。正職老師請病假、沒有同事能代班時，學校就會請代課老師來上課。當時他沒想太多，教學無非是另一件工作罷了。但他很快就發現自己對高年級的學生很有一套。他抓得住他們的注意力。八、九年級生很聽他的話，他也樂於與他們為伍。機智幽默的庫格很會講笑話，也常常拿自己開玩笑。那段日子裡，他會跟學生分享他摸索人生的那些年，聊他是怎麼從大學退學，又是如何一份工作換過一份工作，茫茫然不知所終。青春期的孩子聽得很入迷，接著也開始分享自己類似的感受。許多孩子不知道自己想學什麼，也不知道未來的人生該做什麼工作。學生和庫格之間有共鳴。庫格對他們的茫然感同身受。他懂他們的心情，願盡一己之力幫助他們。就在這時，他恍然大悟：或許這就是我的人生該做的事？這些年來的鬼混摸索或許真有它的用處？我的人生目標或許就是幫助像這樣的學生？

庫格後來很快就去師範學院註冊[1]。比起經濟系的氣氛，師範學院較有人際互動。就讀師範學院期間，他也繼續當代課老師。畢業後，他獲聘任教於哥本哈根的湖畔公學，負責教德文、數學、社會和體育。庫格也從哥本哈根大學拿到教育社會學的碩士學位，之前曾為哥本哈根的高中生擔任生涯顧問[2]。有些學生需

1 在丹麥，中小學教師都念過四年的師範學院，期間至少要專攻兩個科目的教學法。多數高中老師則有一個碩士學位或兩個學士學位，並在大學期間修過一年的教育學程，除了學習怎麼教學生，也學習如何和學生溝通。

2 每一所丹麥的中小學都有生涯顧問協助學生思考畢業後的出路。丹麥各行政區也有特派的生涯顧問，他們到各個高中演講，介紹不同的教育體制及入學申請方式，並為學生提供一對一的諮詢。彼得·庫格當過兩年的特派生涯顧問。

要生涯顧問的輔導，因為他們失去了求學的意願或不確定畢業後要做什麼。

「我認為正因自己年輕時曾是那麼茫然，所以現在的我更能勝任這份工作，」庫格說，「身為過來人讓我更容易給學生良好的建議。我總是以自身經驗為例，而學生對我年少時的感受很有共鳴。他們也看到今天的我過得多開心。從我身上，他們明白到即使現在對一切充滿迷惘，日後還是有可能撥雲見日的。」

＊　＊　＊

庫格在教學時，隨時都會注意學生有沒有喪失學習動機的前兆。動機低落的線索有很多。有些學生會懶洋洋地癱坐在椅子上。有些學生可能不再做功課，或是忘記帶課本來上學。丟三落四聽起來或許沒什麼大不了，但忘記帶課本或作業，你可能就很難參與課堂，最後變成一整天的課都白上了。庫格的學生有些很在意分數，或很擔心要念哪一所高中，這份焦慮也可能是有害的。在最糟的情況下，學生可能產生壓力反應、焦慮發作或表現出憂鬱症的初期症狀——只因他們受夠上學了。庫格必須及早介入，把學生拉回軌道。學生一旦產生壓力反應，可能就要花幾星期乃至於幾個月，才有辦法重拾求學的動力。

「學生對求學失去興趣，最常見的跡象不是壓力或倦怠，而是缺乏目標感，」庫格說，「學生會開始質疑為什麼要這麼用功念書。『上學到底有什麼意義？我為什麼要每天來學校？為什麼要做那一堆功課？這一切究竟能帶給我什麼？』他們會從數學課本上抬起頭來，質疑為什麼要學這些表格和方程式；抑或是質疑為什麼要學德文文法，反正在真實人生中又用不到。學這些只是為了討父母歡心，還是有什麼更遠大的目標？」

庫格的學生往往在國中的最後階段會產生這些疑問，此時他們課業加重，為升上高中做準備。庫格說，他們不見得會把內心的質疑說出來，但多數學生在求學生涯中都會碰到討厭上學的時候。

「發生這種現象的時候，我認為老師和家長都要注意。身為老師，你要能夠跟學生解釋為什麼專心上課、勤學不輟很重要。你要有辦法解釋為什麼每天早上來學校、繼續求學的過程是重要的。聽起來容易，但許多老師都沒把這件事當一回事。光是跟學生說『因為我這樣要求』或『因為法律規定每個孩子都要上學』是不夠的，此話或許不假，但卻不能激勵學生。訴諸權威甚至只會讓情況惡化。你要提得出更好的理由，一個在學生聽來有道理又能給他們動力的理由。數學很好的學生通常學得很起勁，但如果他們看不到這樣念下去的未來在哪的話，就連這些學生也有失去興趣的時候。帶九年級生去參觀高級中學、體驗一下高中生活，往往對他們有幫助。我的學生會看到高中的大哥哥、大姊姊在用一樣的數學方程式、文法和許多其他有趣的學習素材。這是其中一個讓學生看到為什麼要學這些東西的辦法——光是衝著上了高中用得到這一點，他們現在就該學一學。我會把我教的小學生都帶去參觀高中，藉此給他們目標感。」

彼得．庫格在教學時也盡量用真實世界中的例子。當學科內容看似不斷重複時，這種做法有時會有幫助。像在七、八、九年級的數學課，學生都要學統計學，每一年級的難度越來越高。但年復一年學習相同的科目也有損學習動機，庫格必須不斷提醒學生統計學在真實世界中是有用的。當庫格注意到一些學生在下課時間玩起了撲克牌，他就開始用撲克牌和籌碼幣教統計學。他也會用最近足球比賽的結果教數學。對他班上的某些男孩來說，用上真實世界的例子就讓整個學習經驗都不一樣了。當庫格談到撲克牌或足球時，上課很難專心的學生頓時全神貫注起來。這對班上較有學習動機的學生一樣有幫助，全班都變得更專心時，老師更能夠專注在授課內容上。

在教社會科時，庫格也試著把學生感興趣的話題帶到課堂上，引起學生熱烈的討論。大麻應該合法化嗎？難民若是不工作、對經濟沒有貢獻，是否該把他們送回祖國？諸如此類的問題會激發某些動機低落的學生動起來。庫格在碰觸政黨及其他議題時，也會先帶全班一起討論。

* * *

儘管如此，有些學生還是很快就會失去興趣。庫格每年都會碰到學生嚴重學習倦怠的情形。

「我認為這個問題沒有不敗的解決之道，你必須接受孩子有時就是需要休息一下。在整個求學過程中，人人都有想要休個學的時候。到了國中畢業時，學生心裡似乎積了一堆壓力。他們擔心自己的成績、對升上高中猶豫不決、找不到求學的目的。除此之外，有時他們還有人際關係的問題。他們可能和父母或朋友不合。身為生涯顧問，我見到的高中生也面臨一樣的問題。他們擔心高中之後要怎麼辦，甚至擔心未來的一生會怎麼樣。如果女友或男友跟他們分手了，那對他們來說就像世界末日一樣。青少年面臨很多壓力，有時他們需要的只是能夠喘口氣就好。如果我看到學生失去動力，我會私下找他們聊一聊。如有必要，我甚至會特准他們暫時不用做功課。身為老師，你要知道何時該鞭策學生、何時該讓學生放鬆。如果學生受夠上學了，我會說他們比平常少做一點功課沒關係，我也會時不時讓他們在上課時休息一下，或在某些日子裡讓他們提早放學回家。我允許躁動不安的學生在上課時出去透透氣。他們甚至不必請求我的允許，只要想出去就自己出去。尤其是有些男同學很難長時間久坐不動。我也會注意學生是否需要更長的休息時間。如果有哪個學生真的覺得很痛苦，我會規劃一段時間，讓這位同學連著幾星期都不用做任何功課，並交代他每天都要睡飽覺，課餘務必做些自己喜歡的事情。他還是每天早上都要進教室，不能脫離全班孤立自己，但他在這段時間不必做功課或擔心交不出作業。一旦學生失去動力，施加更多壓力絕對沒有幫助。如果學生不再給你回應，硬逼他們是沒有用的。每當我提議休息一段時間，學生總是覺得如釋重負。等這段休息時間過去，學生不只很感激，也知道自己必須有所回報。基於這層關係，學生就會受到激勵，重回學習的軌道。我幫了他一個忙，現在是他回報我的時候了。」

暫時不用做功課不見得就足夠了。丹麥文中有一個字專門用來形容學生失去動力的狀態：「Skoletræthed」，字面意思就是「學習倦怠」。在學習倦怠之下，和求學念書相關的一切都令學生心很累。這種情況若是持續下去，學生一直愛念不念或提不起勁，彼得．庫格或學校的生涯顧問有時就會建議一週把他們送出學校一、兩天。丹麥有許多學校都會這麼做。校方和地方上的店家有產學合作的關係，學生可以不上學去打工。湖畔公學和超市、體育用品店、地方報社及丹麥國會都有合作，可助學生轉換一下心情。有時父母也會自己幫孩子找去處。庫格表示這類合作關係可能很費事，老師總要做一些安排，也總有一些繁文縟節要過，但這一切都是值得的。幾星期之後，學生對學校就有了改觀，也開始期待重回班上了。

「花一陣子做點截然不同的事情再回學校，通常都會有幫助。當我提議一星期挑幾天不來上學時，父母往往會擔心孩子跟不上全班的進度，或擔心孩子的成績不好看。所以，有時我們會稍微試個幾星期，看看情況有沒有改善，而情況通常都有改善。」

並非所有學生都能時時保持專心，彼得．庫格已經接受了這個事實。他們是荷爾蒙狂飆的青少年，人生中有很多事令他們應接不暇。早上很累、下午就開始打瞌睡是常有的事。

「到了下午兩點，多數學生已經累得東倒西歪，我不能再加重他們的負荷了。這不是因為他們很懶，也不是因為我教書教得很爛、無法吸引他們的注意，而是因為青少年的身心狀態就是如此。就算你是天底下最會教書的老師，在下午兩點到四點之間，你的青少年學生也不會注意到你教書教得多精彩。在這段時間，我會試著給他們特定的任務。午後時分，我從不安排他們做小組討論或到教室外做創意解題的活動。我會出簡單的習題、算術或其他非常具體的任務。他們的精神在這段時間太差了，你不能對他們期望太高。當然，青少年可能過著很不健康的生活，這對上課也沒有幫助。在丹麥多數的國中，學生在下課時間都可以離開學校，到附近的商店買點吃的，而他們通常不會選擇健康的食物。他們比較會去買熱狗、汽水、巧克力棒之類的東西，這對下午上課的注意力自然沒有幫助。他們的心思也被校外的其他事務盤據。有些學生開始談戀愛。週末期間，有些學生開始學大人喝酒。有些學生熬夜打電玩，早上八點上課時已經很累了。老師之所以不該對青少年要求太多，我們之所以要根據青少年的需求規劃上課內容，原因多不勝數。」

＊　＊　＊

身為生涯顧問，彼得・庫格定期去和小學生、高中生談未來的求學方向。這是一個很棘手的話題，他必須一面委婉提出建議，一面讓他們自己作主。他說，生涯顧問最重要的任務，就是讓學生知道自己有很多選擇：

「在丹麥，受教育是免費的。高中畢業生可以選擇的求學方案有六百多種，其中約有一半都沒有特定分數的門檻，所以，只要念完高中，接下來要去哪念書都可以。儘管如此，許多學生都不知道自己有這麼多選擇。他們只知道成績要很好才能錄取國貿系、經濟系、醫學系和心理系。學生也可能會說他們想當律師或醫生，因為他們的父母就是做這一行的，所以他們只知道這些工作。如果沒看到還有其他選項，他們往往就選擇走上跟父母一樣的求學之路。這樣的選擇比較輕鬆，感覺起來也比較有保障。」

「特別澄清一下，我不會勸他們別走跟父母一樣的路，也不會勸他們不要學商或學醫，但我會確保學生知道有琳琅滿目的科系任他們挑選。我也會強調許多商界的成功人士在高中時不見得最優秀，甚或在大學時念的不是國貿系或經濟系。像比爾・蓋茲、史蒂夫・賈伯斯等成功的企業家還有其他的特質。成功與否和課業表現未必有直接關係。優等生不一定明白這個道理。他們可能以為高分會為他們打開一流學府和高薪工作的大門。但成功的要素有很多，溝通能力是其一。我花很大的工夫協助學生向彼此介紹新的資訊，也試著教他們如何說明複雜的概念和推銷自己的創意。對數學的一切瞭如指掌是很好，但能在六十秒內推銷一個創意或一件產品，往往對他們的人生更有幫助。能夠站在群眾面前做報告是很重要的一件事，而丹麥學生常在全班面前練習對公眾說話。而且，擅長溝通的不見得是成績最好的學生。數學很好不代表能向別人講解數學。我有個學生很有數學天分，但沒有一個同學聽得懂他做的報告。我請他避免用艱澀的字眼和高深的概念，他要學著深入淺出地向程度不如他的人解說。既要懂這門學問，也要懂得怎麼跟人溝通，兩種技能齊頭並進很重要。如此一來，你在大學階段和日後職場上就大有成功的機會。」

彼得．庫格教的九年級生幾乎都很期待上高中。絕大多數的丹麥學生亦然。但庫格有時會建議他們也探索一下別的出路。高中課業繁重，他不認為人人都適合念高中。對某些學生而言，接受技職教育的實作訓練可能是更好的選擇。

「身為生涯顧問，我絕不能干涉孩子的計畫或家長對孩子的期許，但我必須確保學生知道自己有什麼選擇；」庫格說，「在八年級或九年級念得格外吃力的學生，我就會跟他們的家長說或許這孩子該考慮升高中以外的選項。談到其他的選項時，我則盡量保持完全中立，但有時我也必須直接告訴家長說他們得降低期望才行。你遲早都要告訴這些家長，他們的孩子可能申請不到心目中理想的大學，上高中可能不是最好的選擇。我不會說他們的孩子休想成為醫生或律師，但我可能會說他們的機會不大，如果繼續勉強下去，他們勢必要面臨一場苦戰。接著，我再向他們說明還有其他各式各樣的選擇。」

庫格說，他認為學生應該盡量自己做決定。但當你只有十四歲的時候，你可能很難知道未來想做什麼，也很難承認自己沒有頭緒。旁人老是問你要申請哪一所高中，或問你未來想做什麼工作，隨口回個符合別人期待的答案還比較容易。

「旁人的關切不斷提醒著我的學生，他們必須要做這些關於未來的重大決定，而沒有答案可能會讓人覺得他們掌握不了自己的人生。這對他們構成了莫大的壓力。我都告訴我的學生，有時不知道自己要什麼未嘗不是好事。產生疑惑和摸索答案是人格養成的過程，這個過程會讓你變得更有彈性。到頭來，他們可能選擇去念高中，最終一如父母所願上大學念醫學系。但在這一路上，內心有所不安、探索一下不同的選擇也不會有壞處。我把自身經驗告訴他們。我細數自己在學校不擅長的事，說我是如何掙扎了好多年，才想清楚要拿自己的人生怎麼辦。我告訴他們，一件事情不如願並非世界末日。高中時，我的生物考試不及格，但瞧瞧現在的我，當初的那場考試早就不再困擾我了。有時候，他們聽了會很驚訝。他們的老師居然考不及格！但你看，老師也是人啊，我們都有做不好的時候。」

彼得・庫格的激勵學生小叮嚀：

一、不要用逼的。學生如果對上學失去興趣，你該做的是卸下他們肩上的壓力，而不是施加更多壓力。

二、分數不是一切。有許多別的特質能增進學生日後成功的機會。

三、選擇有很多。讓學生看到有哪些選擇，多數學生遲早都會找到適合自己的一條路。

瑪莉安・斯古霍普（Marianne Skaarup）

47 歲，26 年舞蹈教學經驗

曾任專業舞者

在丹麥南部的哈圖寄宿中學（Hoptrup Efterskole）教舞蹈。

第八章
在青春交際場舞動人生

瑪莉安・斯古霍普是那種一直都很清楚自己想做什麼的人。她還記得兩歲的時候，媽媽帶她去舞蹈班接哥哥姊姊下課，他們總得把她從舞蹈教室的地板上拖走，架著她回家。

「我一心只想跳舞，」瑪莉安站在她教課的體育館中說，「我很小就知道長大後要做的非跳舞莫屬；也是我一輩子的志向。我三歲開始學舞，五年級就在研究舞蹈學校的資料。我沒念高中，而是直接去念我們當地的舞蹈學院。還不滿十九歲，我就拿到舞蹈老師的證照。我倒不是不會念書。我很愛上學，只不過更愛跳舞罷了。每當站上舞池，我就覺得像回到家一樣。」

加入各式各樣的舞蹈公司、在歐洲各地都曾表演過後，瑪莉安接下了一份兼職工作，任教於一所私立寄宿中學（Efterskole）——在北歐國家很常見的一種寄宿學校。在這種私立寄宿中學，學生在國中和高中之間花一年的時間，離家住校，學習各種科目，結交新朋友。全丹麥有兩百六十四所這種學校，提供的課程從哲學、電腦遊戲到馬術不等，當然也有音樂課和舞蹈課。

一開始，瑪莉安以為自己教個一年就會回去從事表演工作。但她熱愛教舞到決定留下來的地步。迄今為止，她已在丹麥南部兩所不同的寄宿學校教舞二十六年了。

＊　＊　＊

瑪莉安說自己之所以一教就教了這麼久，主要是因為學年末在學生臉上看到的表情。她記得他們剛開始上舞蹈課的表情，前後的落差讓她看到舞蹈和肢體活動的影響力。

「第一次踏進舞蹈教室，他們只是手足無措地盯著地板。到了學年末，他們已能上台在觀眾面前表演了。前後差異之懸殊。短短一年，他們就建立起自信心，找到一份可能終其一生都會留在身上的內在力量。」

肢體活動在哈圖和丹麥其他的寄宿中學裡很受重視，上學的一天就從早上八點半做三十分鐘運動開始，學生可以選擇瑜伽、手球、長跑、舉重或沿著附近的樹林健走。

「這會讓他們整個人都醒過來，運動活化他們的身心，也為接下來的課程帶來很大的不同，」瑪莉安說，「即使只是稍微到樹林裡走一下，就足以讓他們精神很好。不用太高強度的運動，只要稍微動一動，老師就感覺得到學生的不同。學生在上課時專心許多，而且一整天都能保持注意力。肢體活動帶給他們上學一整天需要的活力。」

倒不是說瑪莉安的學生動得還不夠。她的舞蹈課在一週當中占了八小時，而這八小時多半是在舞蹈教室的地板上度過。瑪莉安班上主要是女同學，她教她們不同的舞蹈風格，也教她們人體是如何運作的。她說明不同的肌群各自有什麼作用，並帶她們做呼吸練習，此外也教放鬆技巧。

「上完課，學生的體力會耗盡，但會感覺身心舒暢。青少年成天坐在教室裡、一直讀書或打電腦也會很累，而且這樣一整天下來，他們的情緒會變得很低落；久坐不動對注意力有害而無益。我的學生也會專心做該做的事和學習新知，但當他們整個人都動起來的時候，似乎就是比較容易專心。」

＊　＊　＊

瑪莉安知道她教給學生的遠不止於跳舞。在學習 Vogue 摔、跳躍動作和肢體律動的過程中，她們也對自己的身體有了更多的了解。跳舞是建立自信和抒發情感的一種方式。學跳舞可以是很深刻的一種體驗，尤其是對十五、十六歲的少女來說。

「我對她們很嚴格也很誠實，」瑪莉安說，「如果她們哪裡犯了錯，或如果我不喜歡她們的編舞，我都會讓她們知道。我也會讓她們尬舞。只要是良性競爭，尬舞就是很棒的活動。如果對手比較強，學別人的舞步完全不是問題，但你不該因為尬輸別人而苛責自己。我也不准她們口出惡言，或為了誰跳得比較好爭來爭去。」

瑪莉安在學年初把全班分成兩組。一組跳得比較好，第二組則需要更多練習。兩組一起上課，並輪流表演給另一組看，第一次呈現排在開學一星期後。

「這就讓她們動起來了。」瑪莉安說。

呈現過後，兩組也要互評，一開始會有點彆扭。

「第一次互評，她們總是放不開。」瑪莉安說：「幾乎是做不到，因為怕得罪被批評的同學。但她們最終會明白，提出有建設性的批評不會傷感情，之後大家還是好朋友。她們變得越來越敢言，到了學年末，她們已經可以坦然、具體地討論如何改進編舞了。」

對一名舞者的養成來說，接受和提出批評是很重要的一環。但在多數國家，老師是唯一的評鑑者。在北歐，讓學生互評的做法則較為普遍。

「我隨時糾正她們。看到我是怎麼提出誠實又有建設性的批評，她們也開始有樣學樣，東一點西一點學我用的措辭。她們體會到這些批評不是針對個人。舞評有一套特定的說話方式，不會影響她們彼此的情誼。她們真正學到的是專業素養和公私分明。即使沒有要投入這一行，我認為這對她們未來的職業生涯仍是很可貴的一課。」

但有些人會踏上這條路。瑪莉安和附近的一所藝校有合作，有時她會送學生去參加選拔。她也和以前的學生保持聯絡，邀她們參加她私下組織的舞團。有些學生後續會去申請丹麥國內外的舞蹈學院。

「開學一星期，我就看得出一個學生有沒有天分，」瑪莉安說，「有天分的學生翩翩起舞時，我就站在那裡默默點頭，暗自心想：『哇！我知道你未來要做什麼了。你可能還渾然不覺，但我已經知道了。』我不會去逼學生做什麼，但當她們鼓起勇氣來問我藝校選拔事宜時，我總是鼓勵她們參加。」

孩子不念高中，跑去追求舞蹈夢，父母有時會很緊張。他們擔心孩子落得找不到工作的下場。想靠跳舞餬口確實不容易，但瑪莉安還是會鼓勵學生順著自己的心意，而不是迎合他人的期許。

「青少年對一件事產生熱情時，師長要注意別潑他們冷水，否則你總有一天會後悔。我認為一個人要成才，不需要漂亮的學歷或高中文憑。你需要的是穩扎穩打、兢兢業業。你需要的是健康的習慣和紀律。早上醒來，你要能夠善用接下來的一天。身為她們的老師，這是我最重要的工作——教她們養成良好的習慣。舞蹈和其他的肢體活動都是養成好習慣的好辦法。你要學著早起吃早餐。你也要學會坐得直挺挺的，不假思索就擺出你的舞蹈動作。多數舞者同時也是好學生。舞跳得越多，你就變得越自律。學舞往往要不斷重複一個動作，直到做對了為止。我看得出來，我有些學生之所以能把舞蹈當成職志，是因為他們從小就學會養成良好習慣了。」

＊ ＊ ＊

瑪莉安相信每個青少年都能從舞蹈中學到一點東西。這就是她教舞的重點所在。她不是要為星探培育舞蹈新星。在哈圖寄宿中學，誰都能來上她的舞蹈課，而她的學生絕大多數是純粹愛跳舞的女孩。久而久之，一旦學生學會活用，跳舞就成為一項有力的工具。

「我有些學生以前就學過芭蕾。芭蕾舞者往往很有紀律，也知道該怎麼把動作做對，但她們的動作有時太機械化了，我試著讓她們放鬆一點。你要放鬆下來才能好好跳舞。只要跟著音樂擺動，每個人都懂得如何跳舞。所以，有時我會讓學生練習亂跳一通。十分鐘的時間，跳得越醜、肢體越不協調越好。我也會隨便亂跳。教室裡的氣氛就變得不那麼緊繃了。我要確保學生能拿出感情、發揮直覺。有些女同學跳了好多年的芭蕾，卻不曾放鬆下來盡情舞動。她們得學著享受跳舞，而不只是遵照指示。我不會對她們下指令。我要的是打開她們對舞蹈這個世界的眼界，而不是告訴她們某一種舞蹈風格優於其他風格。」

在瑪莉安的班級上，編舞由學生自行分組創作，每個人都參與其中。跳得較好的學生可能會表演難度較高的舞步，但除非每個人都參與進來，否則編舞是編不成的。

「這讓她們看到自己對團隊來說很重要，即使她們不是很強的舞者。每個人都是一個齒輪，共同組成了整支舞蹈團隊。舞技沒那麼好的舞者一樣不可或缺。少了任何一個都編不成一支舞。」

不是每個學生都能立刻明白這一點，瑪莉安會讓學生看到她不接受任何差別待遇。她們一定要相互扶持。

「今年我只提出過一次警告，但我態度堅決，想來她們是不需要我再講第二次了。當時我們在做地板練習，女孩們輪流跳給彼此看。有個女孩在做動作時，旁邊的一個女孩翻了個白眼。我立刻要她們停下來，告訴她們我不允許類似的情形再發生第二次。我沒指名道姓說出是哪個女孩，只是叫全班都要注意自己的言行舉止。從那之後，我就沒再碰到任何問題了。」

表演建立學生的信心，瑪莉安常讓她們表現自己。一開始也很難，尤其是對比較沒有舞蹈天分的女孩來說。但隨著她們到其他學校表演、練習籌辦音樂劇並邀請來賓，最後她們總能克服一開始的恐懼。她們是團隊裡互相扶持的一分子，漸漸越來越擅長自己在做的事情。

「是舞蹈造就了今日的我，」瑪莉安說，「舞蹈對我來說是一種治療。每當生活不順遂，我都能靠著跳舞撐過來。學生第一次聽我這麼說的時候，我很確定她們不懂我的意思。但在跟我學舞的一年間，她們就會開始明白這層道理，並體會到她們可以用跳舞來表達自己和抒發情緒。」

瑪莉安總跟學生強調技巧不是跳舞最重要的一環。學過芭蕾舞的女孩們尤其不能理解這一點，但她還是不斷提醒她們情感才是最重要的，她們說給觀眾聽的故事比說故事的技巧更重要。

「跳舞跳到一個階段，你總得分享自己的情感。我常跟學生聊情感的表達。我們一起討論有哪些記憶和經驗是可以用來表現情感的。對某些學生來說，碰觸內心的感受很困難。她們在嘗試的時候總免不了流淚和心痛。但跳舞給我們一個機會去談這些感受，這不只讓我們更親近，也讓她們的舞蹈境界更上一層樓。我都說芭蕾是一種『表面上的舞蹈』，看起來很美，但往往只是表面很美而已，舞蹈動作的背後沒有東西。當我請學生拿出情感來的時候，練過芭蕾的女孩最難做到。她們要努力挖掘自己的感受，而不只是照著老師教的做動作。」

＊　＊　＊

說到情感這件事，私立寄宿中學是一個令人安心的環境。瑪莉安和其他老師都住校，如果學生有需要，隨時可以來找老師。她早上和學生一起吃早餐，晚上睡覺前也和學生聊聊天。

「你和學生建立起很特別的情感，」瑪莉安說，「你們變得很親。課堂上若是出了什麼狀況，我們當場就可以解決，不用等到下星期上課時。經過私立寄宿中學的洗禮，他們不再將老師視為告訴他們怎麼做的大人，而是開始將老師視為有血有肉的人。師生一起去散步，彼此分享私人的問題。在這裡，我是大人和老師，但我也像一個姊姊和朋友。」

學生也學到什麼叫做成為團體的一分子。在學校，他們必須打掃自己的房間、幫忙煮飯和清潔。有些學生是第一次和家人分開，所以必須學著照顧自己。

學生有時會情緒崩潰。有些學生的前塵往事會在獨處時突然湧上心頭；有些學生很怕回到原來的地方，不管他們是從哪裡來的。發生這種狀況時，瑪莉安和其他老師就要試著協助他們走出情緒的風暴。

「去年我班上有個女生，本來看起來很開朗，一切都好好的，但有一天突然就不吃東西了。她再也沒辦法跳舞。你得吃飽才有力氣跳整天的舞。我開始找她聊，她也慢慢對我敞開心扉。她談到家裡有很嚴重的問題。她一直把這些問題藏得很好，但她顯然需要幫助。若不是來念我們學校，若不是開始學舞，我都不知道她有沒有得到幫助的一天。」

瑪莉安・斯古霍普的教舞小叮嚀：

一、讓學生明白每個人都會跳舞，沒有所謂正確的跳法，學跳舞不是為了成為專業舞者，而是應該彼此扶持、一起進步。

二、讓學生互評，交代學生要實話實說，但也要好言好語。為學生示範怎麼做，讓他們效法你的遣詞用字。

三、隨意擺動。花十分鐘，高興怎麼跳就怎麼跳。這種做法能讓學生放鬆下來，緩和緊張的情緒。

艾思蒂・英格魯（Astrid Engelund）

63 歲，24 年教學經驗

於法伊島（Island of Fejø）上的法伊公立小學（Fejø Skole）擔任多科老師。多次獲《政治日報》提名為全國最佳小學老師。

第九章
學著玩、玩著學

法伊島上動靜不多。這座小島離丹麥首都哥本哈根一百五十公里，而且只能搭渡輪前往。島上一片安靜祥和，人口僅四百六十二人，共有兩座小鎮和一所學校，學校只有九位學生和一位老師。老師名叫艾思蒂・英格魯，六十三歲[1]，每天早上醒來時，她都不太知道當天會確切教些什麼。

「對我來說，即興發揮很重要，」艾思蒂坐在她位於一座小山丘頂的屋子

1 在丹麥，教師的退休年齡是六十五歲，但退休制度是有彈性的，有些老師提早退休，有些則一路教書教到七十好幾。

外，附近的鳥兒吱喳啼叫，遠處的大海波光粼粼。她說：「由於我是全校唯一的老師，我不需要向誰請示。我可以到最後一刻才決定要做什麼。而多數日子裡，我都把決定權交給孩子。早上見到他們時，我試著揣摩他們的心情，看看有沒有什麼事情特別引起他們的好奇。我讓他們坐下來，引導他們說話，看看這些小腦袋瓜裡都藏了什麼。如果有哪位學生一早就問了我一個問題，那個問題可能就決定了接下來的一天全班要做什麼。我可能會說：『問得好啊！讓我們一起來找出答案吧！』」

＊　＊　＊

丹麥王國的水域裡有一千多座島嶼。瑞典、挪威和芬蘭都是幅員更廣的國家，國境內甚至有更多的島嶼。在這些小島上，老師享有更大的自由。就跟艾思蒂一樣，他們往往是當地學校唯一的教學人員，可以自行決定要怎麼運用時間[2]。

但這種自由倒也不是離島教師才有的特權。比起全世界多數地方，北歐的老師獨立自主得多。丹麥甚至有一條法律，規定老師有權用自己愛用的教學法。各校學習目標一致[3]，所以全國的孩子都要學一樣的科目，並在念完國中時考一樣的考試。但要怎麼學、在哪學、何時學，一概取決於老師。

這給老師很大的自由和責任。問丹麥老師他們最愛這份工作的什麼地方，他們首先提到的往往是教學上的獨立自主。整學年如何度過主要都由老師自己規

2 丹麥政府曾將小規模的學校合併成大型學校，但從二〇一六年起，有數個自治市就開始將大型學校重新拆成小型學校。大型學校帶來的好處不如預期。相較於其他國家，丹麥各市享有很大的自由，大型學校和小規模地方學校的比例由各市逕行決定。

3 全丹麥的學校都有一樣的學習目標，統一由教育部決定。老師自行決定要用什麼方法教，但在學年中，有些特定的主題是一定要教到的。在國中階段，學生可以選修自己想學的科目。但到了國中結束，亦即在九年級時，所有學生都要參加一樣的考試，以證明自己學會這些課程了。

劃。他們可以即興發揮，也可以臨時改變主意。沒人指示他們該做什麼。從校長、有關單位到地方官員都不會置喙一語。老師甚至可以決定要用什麼書、什麼電影，乃至於其他素材。丹麥各區都有中央書庫供學校使用[4]，但沒人逼你非用不可。只要有為學生的畢業考做準備，老師基本上高興怎樣就怎樣。

這就是為什麼到丹麥各地訪問全國最佳教師時，你會發現每間教室的景象各有不同。很多教室是空的，因為老師決定那天要帶學生到校外。他們到公園或某處校外教學去了。由於不必請示校長或家長，老師可以隨時帶學生出去，而他們也常常這麼做。校長負責管理招生、招聘和預算等事宜，但對教室裡的一切沒什麼過問的權力。在教室裡，老師就是國王。

有彈性也意味著老師能根據孩子的意願與需求做調整。另一句你常聽到北歐老師說的話就是：學生要在學校做什麼，應該由學生自己決定。真正的學習不在於老師告訴學生該做什麼，而是存在於孩子與大人的對話之間。玩耍、交談和人際互動是學習的關鍵。這也是教室外的人士為什麼不該參與決定的另一個原因。

一切但憑老師和學生作主，政治人物、地方官員或校長都無權插手。

＊　＊　＊

所以，即使艾思蒂．英格魯在法伊這座小島上的學校很獨特，她的教學風格其實和北歐各地的老師無異。在這裡，老師主掌他們自己的小小島嶼或小小王國，他們有至高無上的管理權。

「我們基本上有兩種教學方式，」艾思蒂說，「一種比較傳統。每星期二，我的學生搭船到丹麥大陸一所大型學校，上科學課、音樂課和歷史課。每星期五則有另一位老師來我們學校教英文。這段時間，教室裡看起來就像全世界多數的

4　中央書庫有多數科目相關的書籍、電影及其他教材。老師從線上預訂後送來學校。用這種方式規劃教學比較簡單方便，但老師不一定要使用書庫的資源。

教室，一位老師站在黑板前，問學生問題、給學生提示。但一週當中剩下的三個上學日，學生就全都歸我管，而我會帶他們做各式各樣的事情。如同丹麥多數的教學同業，我不想讓學生花太多時間在教室裡，只是坐著不動聽老師講課。孩子是視覺動物和實作動物。他們不是經由單方面的聽課來學習，而是要用全部的感官去學東西。所以，每當我站在黑板前面，我就盡可能用畫畫的方式教學。上數學課時，我把圖形畫出來。上文學課和歷史課時，我就在黑板上畫龍、畫海盜。視覺化有助學生學習。但當然，到校外實際體驗、親自摸索又更好。」

艾思蒂每星期至少帶學生單車環島一次。有時她一早就問學生最近在島上有沒有什麼新發現。法伊島多半平靜無事，但孩子們總能注意到周遭的小變化。某個學生可能在野地裡發現了一匹馬，又或者注意到港口停了一艘新的船隻。每當某個學生有什麼新發現，艾思蒂就會帶全班一起去看看。這也是她自己的決定。沒有一條規定說學生該在教室裡受多少教育。這完全取決於他們的老師。

「我盡量用孩子們當天的觀察、疑問或關切的話題當成上課的起頭。我總是想方設法引起他們的好奇、給他們一個當日任務。如果你願意洗耳恭聽，孩子們有很棒的想法和很好的問題。每個孩子天生就對這世界充滿好奇。他們都想長見識、變聰明、掌握周遭事物的原理。對老師來說，那份好奇就是最佳素材，比任何教科書、應用程式或數位裝置都好用。若是讓孩子決定要如何度過一天，他們也會更有學習動力。沒人樂意聽令行事，但當你讓孩子自己選擇從哪裡開始，他們就很樂於吸收新知，幾乎是心無旁鶩、全神貫注。我努力讓他們盡量保持在這種狀態。當然，他們遲早還是得學文法和長除法，但當我們有機會騎腳踏車到某個地方，去認識不同品種的馬兒或船隻運作原理的時候，我很樂於留到改天再來教課本上的東西。」

就這一點而言，許多北歐老師都和艾思蒂不謀而合。激起孩子的好奇、和孩子一起去體驗是教學工作最重要的一環。這聽起來可能不像教學，但其實是最好的一種教學法。在丹麥，「想像力」在法律上有舉足輕重的地位，所有學校務必遵守。根據法律規定，丹麥老師必須激發及培養孩子們的想像力[5]。艾思蒂說：「這不容易。面對學生，我不一定充滿即興發揮的創意。但我試著提醒自己保持開放的心胸，準備迎接憑空冒出來的點子。每天剛開始的二十分鐘，我都用來跟孩子們聊天，看看有沒有人想到什麼。他們通常都有想法冒出來，只要你認真聽他們說想說的話。或許你得把某個點子留到改天再用，但在那二十分鐘裡，他們通常會提出至少一個你能拿來發揮的問題或事件。他們可能會提到新聞播了什麼或父母在談什麼，而他們聽不太懂。這時我就會把握他們的好奇心順水推舟。那是一種很棒的感覺。你覺得自己抓住那一天，欣然接住任何自動送上門的機會。如果做對了，你不只在教孩子，也在跟他們一起玩樂。」

有一天，艾思蒂的學生在校門口附近發現一隻死老鼠，她就取消上課，帶大家一起安排葬禮。他們把學校體育館當成教堂，孩子們集合起來畫棺材的草圖。艾思蒂協助他們用木材行的工具做棺材，並將一台嬰兒車改造成靈車。年紀最大的學生獲派擔任主持葬禮的牧師，他寫了一段禱文唸給全班聽。其他的孩子則組成唱詩班，排練起葬禮上要唱的歌曲。

「我們用了一整天將那可憐的小傢伙下葬。從頭到尾，大家都在體驗中學習。在外人看來，我們可能只是在打混；但我們其實是為孩子創造了一個能發揮創意、從中學習的空間。角色扮演是很棒的學習方式，尤其是對許多時候都處於玩鬧狀態的年幼學童來說。進入遊戲狀態，你就可以帶他們邊玩邊學到很多東西。」

每年有幾星期，艾思蒂也會把學校改造成超市。孩子們用紙和厚紙板做成食物，陳列在貨架上，討論如何定價。他們手寫價格標籤，製作廣告看板，向全島宣傳這間超市，甚至還自創貨幣，並將這種貨幣取名為「ØRO幣」——這是拿

5 一五三九年，丹麥頒布了第一部學校法，法條歷經多次編修，現在被稱之為「人民學校法」（Folkeskoleloven）。目前這部法典開宗明義就說：「學校必須研擬方法，兼及經驗、深度及參與度，以俾學生發展認知能力及想像力，養成學生對自身參與能力及行動力之自信。」

丹麥文中代表島嶼的「Ø」和歐元「Euro」玩文字遊戲。萬事俱備，一切就緒，孩子們就輪流當店員和顧客。

「超市角色扮演幫助孩子認識真實世界的運作方式，」艾思蒂說，「購物時，你要練習加加減減，但你也會學到歷史、語言和政治。關於一件物品的價值，以及如何經營一門生意、如何獲利、如何行銷產品、如何與顧客溝通，我們都會有很多討論。針對超市營運相關事宜，孩子們有許多很基本的問題。他們多半是在討論中靠自己弄清楚其中的眉眉角角。身為老師，你只要從旁指點即可。注意聽他們在說什麼，不時引導他們朝正確的方向去討論。但當孩子處於遊戲狀態、投入一件別具意義的任務時，他們多半自然而然就會學到東西。」

＊＊＊

艾思蒂的七位學生年齡介於五歲到九歲，她表示年齡差異讓教學變得更有趣了。有些老師可能會說混齡教學提高了工作難度，但艾思蒂設法利用混齡的優勢。

「身為老師，你必須做好隨時調整的準備。即使在全體年齡一致的班級上，你也要根據學生的個性及程度和他們互動。每個孩子都不一樣。我認為分齡教學反而比較困難，因為同齡的孩子會覺得彼此程度應該要一樣。若是有一小群菁英學生把平均標準拉高，其餘的孩子就會學得很辛苦，萬一跟不上，他們心裡會很挫折，也會喪失學習動力。我不想看到班上有這種問題。我的學生年齡各不相同，他們知道大家程度不一很正常。」

艾思蒂甚至曾在一座更小的島嶼、一間更小的學校教過書。聰島（Tunø）有全丹麥最迷你的學校。艾思蒂開始於聰島公學及兒童之家（Tunø Skole & Børnehus）任教時，在學的孩子總共只有兩位，到她離職時則有八位。當時她診斷出乳癌，需要動手術。艾思蒂康復後重回職場時，法伊島剛好缺老師，而她應徵上了。她在那裡買了房子，很快就融入為當地人的一分子。她說，當你是全島唯一一位教師，你很難不融入當地。放學後，她有時會讓學生來家裡玩，等父母來接他們回去。

「小島上的狀況不一樣。你要很有彈性，大家要守望相助。我不只是這裡的老師，也是鄰居和朋友。你很快就和島嶼生活及其他家庭變得密不可分。當然，我偶爾也要有自己的隱私，個人生活和教師身分之間必須取得平衡。但這只是我們這些大人的問題，孩子從來沒有平衡不過來的問題——他們在學校和在我家是兩個樣子。在學校，他們知道要聽我的話。但在我家，他們表現得比較像是我的孫兒女。」

在法伊島這樣的小地方，每個人都彼此認識。小學、幼稚園、課外社團全在同一棟建築裡。孩子們每天早上八點半集合起來唱歌，下午則上一樣的馬術課或游泳課。小學新生入學就讀時，艾思蒂早已從隔壁的幼稚園認識他們了。她開始任教時，幼稚園只有三個孩子，現在則有十四個。所以，學校可望在未來擴大規模。

法伊島再次突顯出丹麥和北歐學校的運作方式。混齡教學被視為一種優勢，而非一道障礙。丹麥大陸上的大型學校不像法伊島般不得不混齡教學，但他們還是會選擇這麼做，因為他們認為這有助於年長和年幼的孩子彼此陪伴。就像那句老話說的：「養一個孩子需要全村的力量。」北歐的學校是認真地把這句話當一回事。

「年長的孩子很會教年幼的孩子，」艾思蒂說，「他們比多數老師教得都更好。我常請年長的學生朗讀給全班聽。這不只能建立他們的自信、提升他們的閱讀能力，也讓年幼的學生覺得上課有趣多了。我也鼓勵年幼的孩子問大哥哥、大姊姊數學或英文的問題。最好的學習方式莫過於此。講解有助於理解，當十二歲的大朋友必須為八歲的小朋友講解時，你就能看出他對這一科的理解有多深。在我的學生當中，小朋友總是尋求大朋友的協助，也總是很聽大朋友的話。」

艾思蒂・英格魯的教學小叮嚀：

一、從孩子的興趣開始，以他們感興趣的事物為基礎。只要你讓他們自由發問，他們就會問出對的問題。

二、鼓勵學生玩角色扮演。孩子們反正隨時都在玩，利用角色扮演來營造學習環境的方法有很多。

三、給大朋友和小朋友更多時間一起相處。人人都能從中有所收穫。

湯瑪斯·拉斯穆森（Thomas Rasmussen）※圖左人物

46 歲

創辦「真實人生學校」，為老師和校外專業人士搭起橋樑。2012 年獲全國市政協會頒給國家創新獎（The National Innovation Prize）。

第十章
社會就是最真實的學校

學校總是一成不變。日復一日千篇一律。全世界的孩子都感受到了。他們每天看到的一切大同小異。一樣的教室、老師、課本，以及難度漸增的作業。一樣的隨堂測驗。一樣的考試。

但或許不必如此。孩子們或許不該每天待在同一間教室裡，也不該總是跟相同的老師共處。當孩子將觸角伸向校外，到森林裡、去參觀農場或地方企業，有趣的事情就發生了；同樣的，當老師把校外人士帶進學校，讓他們介紹自己是做什麼的，對孩子們似乎也有神奇的效果。

這種效果眾所周知。已有研究顯示帶學生走出教室的好處，反之，將校外人士帶進學校一樣有益。丹麥的老師都很清楚這一點，他們會安排校外教學或邀請專家到班上。但也有些老師覺得費這麼大勁不值得，幾次過後就不再這麼做了。打破例行公事是要花心思的。他們很快就無處可找、無人可邀。

這就是湯瑪斯．拉斯穆森切入的地方。為了媒合學校老師和各界人士，四十五歲的丹麥人拉斯穆森經營起「真實人生學校」（Skolen i Virkeligheden）。他遍尋對自身職業充滿熱忱、有故事可說又願意為孩子們付出時間的人。和他合作的有小農、獵戶、養蜂達人、漁夫、賞鳥家、會計、廚師、西洋棋手和木匠等等，不一而足。拉斯穆森的工作是協助老師帶學生走出校外，賦予他們看待人事物的全新觀點。

「重點在於有一次良好的經驗，學到一點真實世界的運作方式；」湯瑪斯．拉斯穆森說，「我看得出來這麼做為許多孩子帶來的影響。不管是到森林裡拜訪獵戶，還是參觀農場幫忙為乳牛擠奶，你都能讓孩子們看到這世上有各種不同的工作和充滿熱忱的人。不管做什麼都有可能開創幸福人生。」

＊　＊　＊

拉斯穆森的父母都是小學老師，他凡事喜歡捲起袖子自己來。他從二〇一二年開始這個計畫。當時他任職於一座採行生機互動農法的農場，當地的中小學和幼稚園都會定時來拜訪。一年四季，孩子們來參觀耕地，為農作物播種、澆水，悉心照料，收割之後再料理、食用。在這裡，他們會見到農夫、花匠和廚師。這些專家會跟孩子們聊食物、永續農業和健康的飲食。任職於農場時，湯瑪斯・拉斯穆森身兼數職。除了下田，學過平面設計的他也負責網站管理。孩子們來參觀時，他則一定到場，而在現場的所見所聞刺激了他的思考。

「我看得出來，當孩子們見到真正的農夫或廚師時，學習就變得很有趣。他們整天在戶外挖土、除草、澆水，忙得不亦樂乎。我也看得出來，真心熱愛自己那份工作的職人也很擅長抓住孩子的注意力。我們做過問卷，調查孩子們從參觀農場學到了什麼。許多孩子都說沒學到什麼，只覺得挖土很好玩、農作物的話題很有趣，但不記得自己學了什麼知識，也不知道參觀農場到底該學到什麼。但當我們提出農作物相關的特定問題，卻發現孩子其實學到很多。他們記得許多農事的細節與知識。所以，我體會到孩子是有可能在不知不覺間學到東西的。他們只覺得很好玩。我還記得自己當時心想：『哇！如果在農場上做得到，那大概在哪裡都做得到吧。』我和同事就是這樣冒出產學媒合計畫的點子的。」

有幾項研究都支持拉斯穆森的看法。戶外活動有助孩童學習。一個班級或一家人到戶外時，整體的氣氛都會變得不一樣。孩子們開始以不同的方式玩耍，彼此之間的互動比在校內更多，運動量也較大，說的話更是比在教室內多出許多——一項丹麥研究發現，孩子在戶外說的話就跟他們老師一樣多。共同的經歷也有助他們把學到的東西記在心裡。天氣的冷暖、肢體的活動和五感的運用，在在有助於他們回想自己學了什麼。在丹麥，有些老師很注重一星期至少要有一天的戶外教學。

接觸新的人事物對孩童也有好處。拉斯穆森的出發點是一個很簡單的理念：

要學習某個主題，就該找最了解它的人教你，而且最好是在教室外。上生物課，孩子們就該到森林裡見見林務員，或到海邊去會一會漁夫。其他國家也有校外教學，但許多都是去到設在森林裡的小教室，老師指著布偶和黑板講解自然界的種種。學生是帶到校外去了，但感覺還是跟在教室裡上課如出一轍。森林小教室的老師可能就是重複講一樣的東西，而且不見得比一般老師更有教學動力。拉斯穆森要的不只如此。他要孩子們接觸真實世界。他要他們走出去，到真實存在的地方，見見真實存在的人，認識真實存在的工作。

「我開始找當地人聊，看看誰有興趣加入這個計畫。我到港邊跟漁夫聊，也到水族館跟熟知異國魚種的人聊。我四處拜訪農場和當地企業，設法建立起聯繫。最後，我們在當地找到四十位的戶外工作者，願意跟小朋友聊自己的工作或嗜好。」

老師變得更常帶孩子們出來，因為有了拉斯穆森，校外教學安排起來更容易了。他們也開始邀請拉斯穆森的聯絡人來校內。拉斯穆森把觸角延伸到其他地區，建立起更廣的人脈。他見了各地博物館和公司行號的人，也開始和銀行及稅務局的職員合作，他們可以來和較年長的學生談貸款、債物和個人金融。

「稅務聽起來可能不是什麼精彩可期的話題，但我發現這世上多的是任何題材都能談得妙趣橫生的專家——只要你能把他們找出來。如今，我們把自己定位成協助學校老師的旅行社。就像一般旅行社會確保飯店早餐的品質、地陪知道自己在做什麼，我們也會確保我們的專家都是個別專門領域的講解高手。如此一來，老師就能自由選擇要帶學生去哪裡見誰。當然，有些老師向來都會這麼做，有些老師有自己的同好和朋友可以邀來學校，有些老師很擅長規劃校外教學，儘管也有些老師從沒嘗試過。但當那些老師退休或轉任別校，既有的人脈不在，孩子往往就錯失學習機會了。我們希望每個人都能擁有相同的學習經驗和平等的學習機會。」

＊　＊　＊

二〇一二年，這個產學媒合的計畫獲頒一項國家級的大獎——由全國市政協會頒發的國家創新獎。兩年後有了一次全國教改，提高了丹麥學校帶孩子們走出校外和邀請校外人士來班上的頻率。時至今日，拉斯穆森的想法已落實到丹麥各地。地方政府給予經費上的支持，但由於該計畫主要是由志工出力，所以人事費用很低。

「當然，要找到對的人去協助老師，有時是一種挑戰，但也常有令人驚喜的結果。我們找到一個願意教西洋棋的人，本來我認定他不是理想人選，因為他很內向，我不認為他能勝任。但他一說起西洋棋就吸引了孩子們的注意，短短二十秒過後，全班一片鴉雀無聲，孩子們張著嘴巴坐在那裡，聽得如癡如醉。之後，他們全神貫注一連下了兩小時的西洋棋。這位棋手或許害羞，說起話來像是喃喃自語，但孩子們感受得到他對西洋棋的熱愛，也感覺得到他有故事可說。對一件事充滿熱忱的高手是多麼善於講解自己熱愛的主題，我到現在都還很訝異。而我認為保持熱忱對許多老師是一大挑戰，每個人不時都需要一點激勵。我相信把真心熱愛一件事的人帶來學校會有幫助——他們無疑對學生有幫助，但對老師也大有助益。」

拉斯穆森也會到學校分享自己的創業經驗。他當過七年的平面設計師，但在太太懷上雙胞胎後把工作室收掉了。他太太懷孕三個月就住院，為了照顧她，拉斯穆森不得不結束他的工作室。如今他很高興自己做了這個決定。雙胞胎很健康，而且他有更多時間可以陪伴家人。逼不得已關掉公司後，他轉而任職於那座生機互動農場。

「個人認為孩子一定要跟真實世界接軌。他們的學習素材不應該是些虛無縹緲或抽象空泛的東西，而應該是來自真實世界的人事物，因為看得見、摸得著，所以孩子們很容易就能理解，並能有所收穫。可以選擇的主題有很多。我們有一位卡車司機會到學校談他的公路人生、減少二氧化碳排放量、做這一行很容易變胖等主題。當然，大自然還是最重要的教材。我們的教學多數都在大自然中進行，並和自然界有關。目前，我們有很多孩子在學野外採集及覓食。春天，他們到森林裡採可以食用的香草植物、野生洋蔥和蕁麻，在野地裡生火烤麵包、煮東西，學習關於植物、氣候等許多知識。我們也有一位蜂農很會說蜜蜂家族如何分工合作的故事，其中關係到的不只是蜜蜂和蜂蜜，而是整個團隊如何運作，還有蜂后若是不開心，家族成員們如何反應。蜂農說的故事讓孩子們可以連結到自己的家庭生活。他們也學到授粉及蜜蜂數量不足會導致的生態問題，而且是透過聽精彩好聽的故事、共度一段美好時光的方式來學習。他超會說故事的。而且有很多人都跟他一樣，特別擅長談某個專門的主題。」

然而，為了開始探索真實世界，老師必須學會放手。在教室裡，一切都歸老師管。老師有自己的一套規矩，也很容易就能注意到學生在做什麼。但當他們到了戶外，或請校外人士來講幾小時的課，老師就要讓出一部分的控制權。

「有些老師一開始很怕我們搶了他們的工作。他們很習慣管理教室、在學校裡扮演博學之士。我們要說服他們相信邀請校外人士對他們有好處。我們絕不會指點老師該如何教學。如果老師有這個意願，他們再來接受我們提供的媒合服務。他們要有那份把上課變得更生動有趣的意願。我認為有些老師應該改變看待自己的方式。他們應該把自己視為跟專業顧問合作的創業家。他們應該歡迎專家的協助，而不只是鑽研課本上的內容。教到海洋的主題時，他們不盡然要把時間都花在準備浮游生物和生物學相關教材上，也可以請專家來給學生一次美好的學習經驗。有一所學校開始帶學生到當地的一座湖邊去上生物課，並從哥本哈根大學邀生物系的學生來講解。要找到這樣的大學生並不難。在丹麥，大學生花很多時間學習如何向別人說明及交流研究心得，而為學童講解是很好的一種練習。」

拉斯穆森也相信這些接觸對孩子影響深遠。蜂農、獵人或生物系學生都能當他們的榜樣。諸如此類的經驗最終有可能改變一個人的一生。

「我們常聽到有人說小時候碰到一位很棒的老師，是那位老師造就了今日的自己。但你得運氣很好才碰得到這樣一位老師，很多孩子沒那麼幸運。多數孩子在整個求學期間就只有那麼幾位老師，所以機會不大。我們要做的是讓孩子多接觸熱愛自己的工作、能給他們當學習榜樣的大人，提高他們碰到『貴人』的機會。

我們想讓孩子看到這些大人在做的事，以及他們如何為社會做出貢獻，有些孩子或許就會受到啟發，考慮從農或往生物學的方向發展。在丹麥，你不是非得攻讀政治、法律或經濟才能找到薪水優渥的好工作。許多父母更在意的是孩子能不能從事自己有熱情、做起來有滿足感的工作。我們的理念與這些父母一致，而透過讓孩子接觸形形色色的工作者，我們可以讓孩子看到人生有很多條路可走。充滿意義的職業方向有千百種，到哪裡都有可能找到幸福。我們介紹孩子認識許多在念書以外闖出一片天的人物。許多學生可能從未見過木匠、小農或養蜂人家。」

「我認為亞洲和美國的老師也可以做一樣的事情：讓孩子看到這世上有很多人從事自己熱愛的工作、過著有意義的生活。我堅信這是老師應該擔負起的角色。不是每個學生都要上大學才有前途，而且他們需要知道這世上有很多條路可選。要發掘孩子的天賦並不容易，而我認為最好是讓他們接觸各種領域和各界人士，看看他們對什麼有共鳴。再者，最具創意與衝勁的人有些不見得是科班出身。我認識很多小時候受到某個人啟發的音樂家——或許是受到老師的啟發，或許是看了誰的表演，使得他們自己也想成為音樂家。見一見充滿熱忱的人，就算只是相處一天，也能對學生有舉足輕重的影響。」

＊　＊　＊

近來，拉斯穆森開始帶人來談較為嚴肅的議題，像是請青少女小媽媽來談措手不及當了媽的挑戰。年紀較大的學生在書上讀到過，但當他們從一個十五歲小媽媽口中親耳聽到時，感觸遠比閱讀相關議題來得深刻。更生人、癮君子和性工作者也會來學校談他們過往的掙扎。孩子年齡越大，接觸的議題越嚴肅。一年級的孩子多半是到大自然中學習動植物相關知識。隨著年齡增長，他們則認識到難民、氣候變遷和經濟貿易等課題。

拉斯穆森也跟體育教學方面遇到瓶頸的學校洽談。這些學校找不到擅長帶動學生的老師，拉斯穆森就建議他們與其聘請新老師，不如撥出部分經費請專業運動員來教課。他們或許不是老師，但他們很能帶動學生，又是自己那個領域的一流好手。所以，現在有些學校就把體育館交給專業運動員來教體育。拉斯穆森認為這種做法也適用於其他科目。工藝課就請退休木匠來教，偶爾也可以請廚師來學校上廚藝課。

在「真實人生學校」，幾乎所有教學服務都是免費的。有些校外人士會藉機延攬學生加入棋隊，或為自家企業打廣告，但多數人純粹是基於熱忱或有空前來提供教學服務。拉斯穆森也建議學校保留部分預算用於接待校外人士。

「光是偶有具備專業知識和熱忱的人來訪，教學效果就大不相同。再次強調，我不是在批評學校老師，但有些老師也厭倦了一遍又一遍做著一樣的事。不時找人幫忙接管教室對師生都有很大的好處。教室裡的活力都變得不一樣了。當孩子們在森林裡見到獵人，看他怎麼取出獵物的內臟、具體呈現動物的解剖構造、說明各個部位的用途，你看得出來孩子們有多興奮。你就是知道這次經驗將成為他們珍貴的回憶。他們不見得記得他說的每一句話，但比起在教室裡聽課，他們留下的印象深刻許多。而且，他們會帶著燦爛的笑容回到學校。」

湯瑪斯．拉斯穆森的產學媒合小叮嚀：

一、把真實世界帶進教室裡，也把學生帶到外面的真實世界中。無論教的是什麼科目，外界總有熟知相關課題又願意與學生分享所學的人。

二、別怕開口求助。身為老師，你的角色還是很重要，你的學生還是需要你。

三、把自己想成一位企業家，你的工作是善用任何可以取得的資源來教學。

國家圖書館出版品預行編目

丹麥 SUPER 老師這樣教！/ 馬庫斯 . 班辛 (Markus Bernsen), 吳連鎬 (Yeonho Oh) 著 ; 祁怡瑋譯 . -- 初版 . -- 新北市 : 木馬文化事業股份有限公司出版 : 遠足文化事業股份有限公司發行 , 2022.08
216 面 ; 14.8X21 公分
譯自 : Happy School : Secrets from Denmark's Best Teachers on Raising Confident, Creative and Motivated Children.
ISBN 978-626-314-227-5(平裝)

1. 教育 2. 文集 3. 丹麥

873.57 111006083

丹麥SUPER老師這樣教！

HAPPY SCHOOL: Secrets from Denmark's Best Teachers on Raising Confident, Creative and Motivated Children

作者 馬庫斯・班辛、吳連鎬 Markus Bernsen、Yeonho Oh
譯者 祁怡瑋
社長 陳蕙慧
總編輯 戴偉傑
主編 李佩璇
責任編輯 涂東寧
行銷企劃 陳雅雯、林芳如
封面設計 比比司工作室
內頁排版 宸遠彩藝

讀書共和國集團社長 郭重興
發行人兼出版總監 曾大福
出版 木馬文化事業股份有限公司
發行 遠足文化事業股份有限公司
地址 231 新北市新店區民權路 108-2 號 9 樓
電話 (02) 2218-1417
傳真 (02) 2218-0727
Email service@bookrep.com.tw
郵撥帳號 19588272 木馬文化事業股份有限公司
客服專線 0800-221-029
法律顧問 華洋國際專利商標事務所 蘇文生律師
印刷 呈靖彩藝有限公司

初版一刷 2022 年 08 月
定價 新台幣 330 元
ISBN 9786263142275（紙本）
9786263142459（PDF）
9786263142442（EPUB）